Corporate Taiwan

產業台灣

產業台灣1

# 張榮發回憶錄

## 長 榮 集 團 總 裁 與 海 結 緣 的 一 生

作者／張榮發
執行主編／游奇惠
責任編輯／李佳穎
美術設計／唐壽南

發行人／王榮文
法律顧問／王秀哲律師・董安丹律師
著作權顧問／蕭雄淋律師
排版／中原造像股份有限公司
印刷／長榮國際公司文化事業本部
初版一刷／1997年10月1日
初版二刷／1997年10月16日
ISBN／957-32-3327-4（平裝） ISBN／957-32-3326-6（精裝）
**平裝版定價／350元 精裝版定價／500元**
行政院新聞局局版臺業字第1295號


Since 1975
出版發行／遠流出版事業股份有限公司
台北市汀州路3段184號7樓之5
郵撥／0189456-1 電話／365-1212 傳真／365-7979

Dr. Chang, Yung-fa's Memoirs
Author / Chang, Yung-fa
Copyright Owner / Chang,Yung-fa
Publisher / Yuan-Liou Publishing Co.,Ltd. under licence

7F-5, 184, Sec. 3, Ding-Chou Rd., Taipei, Taiwan, R.O.C.
Tel:886-2-3651212 Fax:886-2-3657979

YLib

http://www.ylib.com.tw/
E-mail:ylib@yuanliou.ylib.com.tw

# 張榮發回憶錄

## 長榮集團總裁與海結緣的一生

張榮發　著

# 《產業台灣》出版緣起

王榮文

連橫先生在《台灣通史》中曾說：

「夫史者，民族之精神，而人群之龜鑑也。代之盛衰、俗之文野、政之得失、物之盈虛，均於是乎在。故凡文化之國，未有不重其史者也。」

同樣地，產業史也是記載一產業中個別廠商興衰的發展過程。注重「經驗心智」的人，擅長由歷史進入，於鑲嵌著種種經營管理議題的產業史特定時空細節（idiosyncratic details）中，汲取經驗智慧，不僅可以深究過去經營歷史，減少犯錯的機會，更可以藉由產業史中脈絡化的產業智慧（contextualized industry recipe）而觀照現在與未來。

而五十年篳路藍縷、創千億美元出口外匯的「產業台灣」經驗，正需要從產業史的角度記錄、分析。因此，《產業台灣》叢書的出版，便是基於下列信念：植根

於本土產業經營的實踐智慧，絕對是所謂「台灣經驗」中最動人的一章。

從早年的樟腦、糖、香蕉，到六、七〇年代的電視機、自行車、洋傘、運動鞋、成衣，以至八、九〇年代的個人電腦相關產品，台灣均曾一度或仍然在全球的商品供應鏈中，成爲重要的製造基地。從「製造優勢」的煥發到近日矽晶產業的鷹揚睥睨，「產業台灣」正閃現進入「知識世紀」的鋒芒。

其間許多人物、組織與事件，交織成豐富動人的奮鬥與勃興之故事。

《產業台灣》叢書將一方面試圖註記本土經營環境今昔之變，詮釋台灣產業組織興衰之理。另一方面，從本土產業、企業發展經驗中，提煉出能準確描繪「產業台灣」特質的組織語彙與管理思想典範。

我們盼望，讀者能從《產業台灣》叢書的紀傳敘事與編年說史中，自行探索史實，涵詠默化。逐漸自非結構化的情境（situations）中，整理出結構化的視野（vision）；自具體的經驗中，提煉出有體系的經營智慧。

我們也盼望，企業經營者能夠現身說法，提供第一手的故事素材；也歡迎學者專家們以本土產業爲座標原點，共同探討漸受世界各國重視的華人產業組織經驗，勾勒更豐富深入與多面向的產業奮起、開疆拓土、創業垂統之精彩圖像。

〈自序〉

# 走過驚濤駭浪

張榮發

近年來親朋好友一直建議我，應該將個人的人生歷練及經營企業的心得公諸於世，一方面藉以勉勵青年學子積極向上，做一個對社會有貢獻的優秀人才，也可以將自己的奮鬥歷程留下一個忠實的記錄。

在決定將自己過去的經歷留下記錄後，我就開始整理手邊的資料，將成長背景、求學、就業到創建長榮集團等各個階段都加以整理歸納，務求將過程詳實完整地記錄下來。而針對外界長久以來，對於長榮快速成長所流傳的各種謠言、揣測，如今透過這本回憶錄，正可以讓社會大眾了解事實的眞相。

觀照過去至今的所有歷程，從家庭背景、在船公司的第一份工作、十五年的行船生涯，乃致建構出今日的長榮集團，在這漫長的七十年中，「海」不僅貫穿其間，更讓我在其領域裏得以伸展理想抱負，「爲海而生」這句話正似寓言我與綠色

大洋間密不可分的依存關係。

一般人看到長榮從一家沒沒無名的小公司，發展到今天多項世界第一的規模，眞是有如「神話」、「奇蹟」一般，但我知道長榮有今天的成績沒有絲毫「僥倖」存在；在成功的背後，我與同仁們投注了多少時間、心血及金錢，這些是外人無從了解的。

猶記得創業初期，面對挫折和不順利如海濤般一波波向我撲來，讓沒有背景的我，內心感到茫然和無奈。我自認經營事業，一定經過仔細的評估和規劃，爲何一執行起來，諸多無法事先預料的問題一再出現，讓我疲於奔命，窮於應付；當身心疲累前路仍然黑暗時，我的心情只能用「欲哭無淚」來形容，但我始終憑藉著一股意志力堅持下去。

在創立長榮航空時，大家都看到了有心人士對長榮的種種打擊和蓄意詆毀，這種非關競爭實力可以克服的複雜環境，一度讓我萌生退意，放棄進入航空事業的領域；面對當時艱困的環境，我以「這是上天對我的另一次考驗！」來自我惕勵，欣然面對。

雖然，今天的長榮集團已是跨越海、陸、空的國際性企業，但在創立初期，我

從沒想過要將自己的事業發展到什麼樣的規模，我只是全心全力好好經營公司，或許眞的是上天和社會各界的幫忙吧！在不斷的挑戰與困難中，都化險爲夷，步上更寬廣的路。

當打擊一再出現時，我都會想，是否自己前世修得不夠，所以再怎麼努力，仍無法雨過天青、一帆風順……？隨著年歲的增加和事業規模的逐漸擴展，我對過去的阻難有了不同的認知，我認爲這些困頓不順，正是上天給我的考驗和磨練。

我始終相信人性是善良的，因此，爲人在世就應該將自己「善」的本性發揚光大，即使是經營一個企業也要持著這樣的想法，企業家正正派派地經營企業，讓每個員工有安定的生活，並能飲水思源，回饋社會，造福更多的社會大眾，這些也都算是爲善、做功德。

在書中，我仔細地把自己在成長和創業歷程中，從各種困境裏所體驗出對人生的看法記錄下來，最希望的是能對於時下的年輕人有所啓發，激勵他們不畏懼困難、敢於面對人生波濤的勇氣；並且審愼地選擇適合自己的路發展，掌握住人生的方向。

「人生的際遇不能太早下定論。」從我過去所面臨的困頓、失意、挑戰及每一回

柳暗花明的轉折，使我對這句話有深刻感悟，也希望正處於逆境的人，不要放棄希望，以坦然的胸懷、歡喜無懼的心，迎接挑戰。

〈推薦人的話〉

# 意志力與慈悲心

林添福

我和張總裁已經有五十多年的交情了，他可說是我一生當中十分珍惜的摯友。對於他排除萬難、白手起家的歷程和成就，我常對朋友說，可能五百年都不知道會不會出現一個像張總裁這樣難得的人才。

長榮今天能成為世界第一大的貨櫃船公司，實在不是偶然，從我對張總裁年輕時候的了解，當時就已看出他日後會有一番不凡的成就。年少時的他，除了是一個意志力十分堅強的人，在很多事情上亦已顯現出獨到的遠見和魄力。

記得以前張總裁還在船上擔任大副的時候，曾和林泰山先生在同一艘船工作，有一次我從日本要回來台灣，原本打算坐飛機，但張總裁和林泰山先生邀我搭乘他們服務的船一起回台灣，如此三個人就可以在船上好好聊一聊。

當時船在沿途泊靠各個港口時，當地的代理行都會款待船上的人員，但我在這

趟航程中，卻不曾看到張總裁接受過任何代理行的招待，反而都是待在船上看書。由此就可看出他是一個非常用功、上進的人；年輕時候的他，早已在為日後創業做準備，以實現他的夢想。

記得當這艘船離開九州，到達琉球附近時，張總裁拿了一本有關海運貨櫃化的雜誌給我看，並對我說：「貨櫃化將是未來海運發展的必然趨勢！」

那時國際間貨櫃化的觀念才剛萌芽，他卻早有先見之明可以洞察貨櫃化的特性和發展潛力，預料得如此準確。之後，他還定期將那本雜誌寄到羅東給我看，讓我即使離開船上工作，仍能不斷獲得海運新知。

張總裁成立長榮海運後，為了準備船隊貨櫃化，他投注了一百萬美元的資金，派遣公司的幹部到國外各港口、貨櫃場等做詳細的市場調查，擬定長遠計劃，前後共計花費了二年的時間，才付諸實行。那一陣子他和員工幾乎是日以繼夜的工作，有一回他對我說，為了船隊貨櫃化的事，他已有一個禮拜睡不著覺，可見他當時所投入的精力和時間。

長榮貨櫃化之後公司發展迅速，連國際間知名船公司的老闆，都當面肯定張總裁的成就：「你一手建立的長榮海運，現在已經是全球最大的貨櫃船公司了。」

現在長榮的貨櫃船大部份都交由日本三菱重工株式會社建造，三菱重工是世界知名，也是日本最大的造船廠，長榮有幾十艘最現代化的大型貨櫃船，都委託其建造，實在是了不起的規模；而三菱重工則認爲能替世界第一的貨櫃船公司——長榮集團建造新船，是他們的榮幸，即使是不賺錢也一定要做成長榮的生意。

張總裁對海事教育的重視和付出，也讓我深感佩服。早期我在淡江大學當董事長時，曾聘請張總裁擔任董事，當時我們有感於國內海事教育的推展刻不容緩，本來是想在台灣辦另一所海洋學院，但礙於教育部所規定的申請條件非常繁複，於是決定在淡江大學設立航海及輪機兩科系，爲此，張總裁和我特別到日本相關學校拜訪觀摩、蒐集資料；張總裁並獨力捐贈一棟商船學館，以供教學使用。

該商船學館的外觀，是採用商船的住艙外形來設計，內部也規劃得十分理想，而這些全都出自張總裁一人的構想和設計，這樣的巧思是別人從來沒有想到的。

後來，因爲當時的教育部長李煥宣佈停辦所有各大學的航海、輪機相關科系，改由海洋大學來承辦，因此從那時開始，淡江大學的航海及輪機系就沒有再招新生。商船學館大概造就有十屆的畢業生，所培育出來的船長、輪機長都很優秀。

事實上，台灣是一個海島型國家，海運發展尤其重要，但當時政府未能重視海

事教育，長期培養海事專業人才，以至今日我國海事人才呈現嚴重不足的現象，實爲至憾。

張總裁是一個非常喜愛閱讀的人，對於所經營的海運和航空等事業，都不斷地追求專業新知，並對周遭的事物保持敏銳的觀察力；無論從事任何一項新計劃，他自身的努力、學習都遠超過別人，這種終身學習的精神實在令人相當敬佩。

記得有一次，我和他去西雅圖波音公司接新飛機，他還自己丈量機艙座位間的間距，由此可見他當時對於航空的每一件事物，都掌握得十分清楚。我相信憑著張總裁的遠見、魄力和洞察力，不論是經營海運或航空等事業，一定都能超越別人之上。

張總裁是一個很重感情、很有慈悲心的人，對老朋友都很關心；別人一旦對他有過恩惠，他便永遠放在心上，並適時予以回報。

一個企業能否成功，在於領導人的做人處世風格，是否能讓員工由衷地認同，主動努力爲公司打拚。張總裁經營企業兼具了魄力和慈悲心，使得長榮好像一個大家庭，而他就是這個大家庭的家長。

在他的領導之下，大家齊心齊力，長榮才有今日的成就，並造就出許多優秀的

人才。他常說：「人才是企業成功的關鍵，也是企業最大的資產，而不是錢財。」所以他十分珍惜人才，也很關懷員工的生活。對長榮來說，能有張總裁這樣的領導人實在是企業的福氣，而能夠在長榮做事的人也是一種莫大的福份。

（林添福先生現任淡江大學名譽董事長）

〈推薦人的話〉

# 有志者事竟成

林泰山

張總裁是在蘇澳出生，那時我們兩家是鄰居，雖然後來他們一家搬遷到基隆，但兩家的往來仍然密切。我比他年長六歲，從他出生至今七十年的時間，我和他的感情有如兄弟般深厚；對於他不向環境低頭、始終努力向上的堅毅精神，最讓我感到難能可貴和佩服。

張總裁是一個家庭觀念相當重的人，爲了幫忙家計，他在就讀台北商業實踐講習所時，就開始半工半讀，白天在南日本汽船株式會社工作。後來他父親在戰火中不幸身亡，張總裁才十八歲，底下還有兩個弟弟及兩個妹妹，那時他就一手挑起養家的責任，因此他工作的薪水，大部份都必須拿回家，他這一生對家庭的付出可說相當多。

台灣光復後，我在「鳳山輪」擔任大副，那段期間張總裁正在找工作，他告訴

我希望有機會上船，我向船長林添福徵得同意後，張總裁便和我一起在「鳳山輪」工作。

他的職務本來談妥是「事務員」，但上船後卻被分配管艙的工作，爲此我感到十分訝異。經過了解之後，才知道原因出在當時台灣光復未久，船上職稱開始採用中文的稱呼，但其職掌則與日據時代船上的工作區分有所混淆；以日本船公司的認定，「事務員」應該是相當於「課員」的職務才對；但是當時張總裁爲了家計考量，仍然接下這項工作。

在船上工作一段時日後，爲了往後前途著想，他決定以自修的方式，轉型朝航海技術人員發展，他抱持著「有志者事竟成」的上進決心，不成功絕不罷休，希望以自身的努力奮鬥，創造自己的未來。他堅強的意志力和吃苦的精神，使他在面對困難與挫折時，都能將其轉化爲經驗和實力的累積，爲實現理想做鋪路。

爲了考上航海技術人員執照，他隨時把握機會，一有空就讀書，每當別人在休息或下船排遣時間，他都待在房間裏唸書；我在駕駛台當班時，他也常來觀摩見習。

他的天資非常聰穎，書上的內容他幾乎是一看就能夠了解，很少有不懂的地

方；他在駕駛台一旁看我操作航儀，即能對照書上的說明，馬上進入狀況；所以說，事實上我並沒有教他什麼。他的研究心很重，且觀察細微，一發現有任何質疑的地方，就會追根究柢，尋找答案，這種實事求是的精神，對他日後事業的發展有很大的影響。

張總裁自年少起即培養出閱讀的興趣，他從書中不斷汲取新知，隨時自我充實，記得我們在同一艘船服務期間，每逢船停靠日本神戶港時，我們就會到當地一家「海文堂」書店，蒐購一些海運方面的專業書刊。

張總裁和朋友合夥經營新台海運公司時，是他第一次擔任經營者的角色。他建議公司在日本建造新船，在業界曾引起轟動，因為當時台灣的船公司都採用舊船營運；但鑑於舊船的維修費用高、裝貨量少，為謀求公司長遠發展，他極力主張建造新船經營。在那個時代背景，能夠獨具眼光和魄力在日本建造新船，張總裁算是第一人，事實證明他的見解是正確的，之後其他的船公司也陸續跟進。

他是一位腦筋靈活、行動快速的人，想得到就做得到，哪怕多困難的事，都仍努力完成。他待人十分誠懇寬厚，不僅對朋友很關心、照顧，且不忘隨時提攜後進、幫助別人。他能有今天的成就，可以說是綜合了天賦、機會、平時的努力以及

待人處世的風範所造就成的；像丸紅商社如此地肯定、信任他，就是他做人做事成功的最好印證。

我一直鼓勵張總裁出版自傳，廣泛發行，爲社會注入一股鼓舞的力量，因爲他的成就不凡，奮鬥精神十分可貴，尤其他在歷練中所累積的智慧和經驗，值得社會大眾學習效法，並以他的故事做爲激勵自己的榜樣。

（林泰山先生爲前任基隆港引水辦事處主任）

# 張榮發回憶錄

## 目錄

## 第2部 邁進海洋



## 第3部 驚濤駭浪



## 第4部 貨櫃革命

## 第5部 征服四海

EVERGREEN

# 第1部

## 海洋之子

這一生似乎註定是與海結下不解之緣。

日本人有句話說：「為海而生。」似乎就是我的寫照。

一輩子起起伏伏，彷彿海面波濤。

一輩子起起伏伏，都與大海不可離分。

# 一、與海結緣

## 故鄉的回憶

常常有人問我說到底是哪裏人?是澎湖?蘇澳?還是基隆?

每次，我都回答，應該是基隆人吧!我覺得一個人哪裏住得最久，自然對那個地方的感情就特別深，回憶也特別多，那裏就是故鄉了。

基隆雖然不是我出生的地方，但從七歲開始就住在那裏，一住住了將近四十年，無論成長、就學、工作，甚至後來結婚生子、交友立業，都從那裏開始或在那裏完成，記憶也好、感情也好，當然就特別多、特別深。

不過話說回來，澎湖和蘇澳與我也有特殊的因緣，而且這三個地方又都靠海，所以，有時候我常常想，或許海洋才是我眞正的故鄉吧!

我的祖先是從福建渡海到澎湖定居的，到我這一輩正好是第十代。

父親本來是在澎湖的郵便局（郵局）做事，二十五歲那年，改行在日本人經營的大阪商船株式會社當船員，把全家從馬公搬到基隆。

對父親來說，二十五歲那年的遷徙可能只是他個人謀生方式的改變，可是現在看來，對整個家族，特別是對我來說，幾乎就是一個命運的轉捩點。

父親在基隆做沒多久，就被公司調到往返蘇澳、花蓮之間的定期船上當木匠，於是，他又把一家人從基隆搬到東北部臨海的小鎮蘇澳定居。我就是在蘇澳出生的，那是日據時代昭和二年，也

張榮發澎湖老家

就是西元一九二七年的十月六日。我排行老三，上面有兩個哥哥，他們都出生於澎湖。後來母親又陸續生了兩個弟弟及兩個妹妹，一家總共有九口人。

早年，台灣有句俗話說：「行船跑馬三分命。」聽這句話就知道，當時行船人的生命是多麼沒有保障。

不過，日據時代普遍來說工作的機會實在不多，生活也很辛苦，所以，儘管危險，但是在現實生活的壓力下，父親也只好在海上行船了。母親持家非常勤儉，一家人的日子勉勉強強還過得下去。

由於工作的關係，父親和家人一直聚少離多，不過，據母親說，我出生之後父親有了很大的改變，不但對家裏投注比較多的時間和關心，對我也特別疼愛。

## 我的母親

母親對我們的教養，深深影響了我的爲人處世態度。母親是一個心腸慈悲、善於持家的婦女，有關家裏的內外事務都由她一手打理，由於生性愛乾淨，她總是把家裏打掃得窗明几淨、一塵不染，對於兒女的照顧與教育也從來不曾忽略。

在日據時代，一般老百姓的生活都相當清苦，過日子已屬不容易，然而疼愛我

們的母親，還是會想辦法省下一點錢，給我們小孩子買買零嘴或文具用品；有時母親給我二分錢零用，除了買文具外，最令我高興的就是到雜貨店買「鹹光餅」來吃；所以說，雖然小時候家境並不寬裕，但仍充滿了許多美好的回憶。

儘管母親對子女很疼愛，但是她管教我們也相當嚴格，尤其對於做人處世的道理及倫理道德的觀念，更是非常的注重。她最強調爲人要誠實，如果我們說謊話，一定會受到處罰，因此，養成了子女坦然磊落、勇於負責任的性格。

此外，母親受傳統宗教信仰的影響，篤信天理和因果輪迴，自小就不斷

影響張榮發一生行誼的慈母（左二）

的教導我們要「心存善念、多做善事」。母親的教導對我影響深遠，日後我都始終遵循著這些原則行事。

## 童年記事

我在蘇澳居住的時間很短，當時年紀還小，也還未進學校讀書，過著尚稱無憂無慮的童年生活，唯獨一次意外事故讓我終生難忘。

六歲那年，有一次和二哥及隔壁要好的鄰居林泰山等人，一起到附近「白米甕溪」溪邊玩耍。一群人浩浩蕩蕩地走在岸邊，二哥和林泰山他們走在前頭，我在後面跟著，不料一不小心，走在最後面的我突然跌了一跤，整個人就摔落到岸邊的石頭鼓堆裏，一下子人就昏過去了。

後來他們走著走著，突然發現我不見了，趕緊回頭到溪邊找，才看到我已昏倒在那裏，大家趕緊將我送到附近的醫院急救，我在醫院昏迷了三天三夜才甦醒過來。

說也奇怪，或許是受到驚嚇的關係，自發生那次意外事故之後，我只要一吃到任何會流血的海鮮類食物便會嘔吐，後來，我就再也不吃這類食物了。

七歲那年，父親被公司派到停靠基隆港的船上工作，全家只好再度搬回基隆。那年，我剛好到了入學的年齡，於是就進了基隆的「壽」公學校開始接受教育。

當時台灣是日本殖民地時代，台灣小孩唸的小學叫「公學校」，一年級採用台灣話和日語混合教學，而日本人唸的叫「小學校」，全部採用日語教學。

日本教育十分重視道德和精神教育，並從小就開始灌輸小孩子這些觀念，當時父母對子女的管教相當嚴格，而老師的威嚴則更甚於家長，學生對老師都非常敬畏，懂得尊師重道的道理，家長對於學校老師的教育方式，也都採取尊重與配合的態度。

舉例來說，平常子女若超過放學時間卻遲未回家，父母向附近的同學打聽得知子女還留在學校，便知道一定是做錯事被老師處罰（罰站或罰跪）；待子女回家後，父母不會偏袒子女，必然問清楚原因，並告誡子女要反省改過，不可再犯錯。小孩子也都有廉恥的觀念，知道自己犯錯被處罰，也會覺得不好意思。

學校教育十分鼓勵好學精神，當時懸掛在教室、供學生們學習效法的，都是一些人格品德或精神毅力卓越出眾的人物相片，而不是國家元首的玉照。

例如有一幅相片是倡導孝行的故事，圖中人在母親生病的時候，每天不辭辛苦

地揹著母親去看病，其孝順的精神值得學子們效法。

我仍記得相片中一位困苦中求上進的日本學生二宮尊德；他因爲家境貧苦，每天必須上山撿柴，沒辦法上學，可是卻沒因此放棄學業，反而利用揹柴時，一邊趕路一邊看書。這種求學的決心令人佩服，也讓有幸能夠在學校接受教育的人，懂得珍惜求知的機會。

這些故事看似平凡，不是什麼豐功偉業，但卻顯現出一個人人格的高貴內涵和光芒；反觀現代人有些受了高等教育，卻一點也沒有教養，這種教育方式就不算成功。

那時雖然老師嚴格要求學生用功讀書，但也會兼顧體育、美育和其他的課外活動。學校的課程裏，繪畫是我最有興趣的科目，我現在收藏一些本土畫家的畫作，有一部份正是我小學美術老師蘇秋東先生的作品。

孩提時代的我可謂精力充沛，對運動玩耍自然是非常的盡情盡興，尤其聽到老師宣布要帶同學去外地旅遊，心裏更是雀躍不已。

記得有一回，老師要帶我們到圓山動物園參觀，前一天晚上我竟然興奮得睡不著覺，整夜一直期盼著第二天趕快來臨。

小學同學都是台灣人，大家感情很好，至今仍定期舉辦「同窗會」

由於當時交通不若現在發達，因此我們必須一早就先從基隆搭火車到台北車站，再轉搭往淡水線的車子，下了車還得步行許久才到圓山動物園，儘管煞費周章才到達目的地，但同學們能在動物園玩上大半天，都覺得十分開心和滿足。

與現代社會相較，父母親把兒女照顧得過於周到，但是小孩子卻因爲太容易就獲得優渥的物質生活，反而不知珍惜。

小學時代的同學彼此家裏都住在附近，所以大家感情很好，畢業後也有保持連繫，至今我們仍定期舉辦「同窗會」。

# 初入社會，半工半讀

公學校畢業後，我曾經去報考台北商業學校，當時這個學校相當有聲望，但台灣人要考進去並不容易，錄取的分數比日本人要高出許多。

我們學校有相當多人都去報考，結果，包括我在內，所有人都無一上榜，我只好回到母校就讀高等科，準備第二年再考。

少年時期的張榮發

由於家裏的經濟狀況本來就不寬裕，加上局勢越來越壞，二哥勸我放棄唸高等科，要我先找工作賺錢幫忙家計，他說就算是將來考上台北商業學校，也要先準備一些錢才讀得起。

那時，二哥在大阪商船株式會社基隆支店船客課當課員，他告訴我南日本汽船株式會社正好有一個缺——基隆駐在員事務所的用務員，要我把握住這個工作機會，如果我還是希望繼續唸書的

話，可以半工半讀，白天做事，晚上唸夜校。

考慮了一陣子之後，我就去參加考試，考進台北高等商業學校附設的商業實踐講習所就讀，白天便在南日本汽船株式會社工作。

爲了讓我晚上能趕到台北上課，公司特別允許我提前在下午四點下班，趕四點三十分的火車到台北，晚上下課後，搭最後一班火車從台北回基隆。

當時兩地的交通工具只有火車，記得那時候最後一節課的老師要是稍微晚一點下課，我就急得坐立難安，深怕趕不上火車回基隆，所以每次一聽到下課鈴聲，就馬上拎起書包，火速地跑向火車站。

一九四一年十二月八日珍珠港事變，美國向日本宣戰，第二次世界大戰全面開始，台灣立刻陷入緊張的戰爭狀態中，老百姓的生活當然也隨著更不好過。

雖然當時每天都得爲工作和讀書兩地奔波，但想到戰亂時期還能上學，心裏就覺得充實和滿足。

當時工作所得的薪水除了付學費之外，還要幫忙支付家裏的各項開銷；戰爭時期物資相當缺乏，糧食都採配給制度，不同等級的家庭領不同的配給；甲等是日本人，配給當然最多；乙等的次之，指的是台灣人全家都改成日本姓名，會講日語，

並且過日式生活的「國語家庭」；丙等的配給最少，指的是一般的台灣家庭。

當時，許多人都希望成為「國語家庭」，爭取比較多的配給，我們全家也因此改姓「長島」，我的名字也改成「發男」，大家常以日語「HATSU」來喚我。

## 第一次出航

一九四三年底，我被公司升爲課員，並調派到台北總公司的船舶部服務。

當時的上司是山本玉男部長，他非常疼愛我，常常帶我到台北城內一家叫「掬水軒」的餐廳（即現在掬水軒食品的前身）吃午飯，那時公司的日本人大部份被徵召去當兵，船舶部只剩下一名課長和一位小姐，我是唯一的台灣人。

日本船公司有一項內規，員工在公司工作一段時間後，都要上船見習，目的除了讓員工深入了解海運實務，提升他們未來處理海運業務的專業能力之外，也希望員工藉此開拓自己的視野。

我當然也不例外地接到上船見習的命令。

由於戰爭正激烈地進行，聽說我要上船，最擔心的莫過於母親，因爲父親、大哥都在船上工作，二哥也在船公司上班，都從事著相同的海運行業；不過她也知

道，這是無可奈何的事，因爲違抗命令就會被提報到日本憲兵隊接受制裁。

爲了不讓母親擔心，我安慰她說：「上船不管怎樣都比去當兵好啊！我會照顧自己，免煩惱啦！」

我知道這樣講對母親不一定有用，因爲戰爭中船隻航行的危險性誰不知道，不過，奇怪的是，當時自己竟然一點也不怕，反而覺得在海運公司做事，能上船見習是一種必要而且光榮的事。

不久之後，大約是一九四四年初，我接到通知，奉派到一艘叫「貴州丸」的客貨船當事務員，報到後的第二天就上船出海了。

戰時，所有船隻都被徵召作爲軍事用途，這艘「貴州丸」也不例外，它往返台灣和海南島之間，負責兩地的客貨運輸和補給任務。

當時，南中國海被列爲危險航區，美國潛水艇經常在那個海域出沒，爲了安全起見，船隻都以「Z」字形航線行駛，以避免成爲潛水艇的目標，就因爲這樣，原本只需十幾天的航程，經常得花一個月才能到達目的地，而且途中是危機四伏。

在那種局勢裏，航海似乎時時面臨著死亡的威脅，用一句悲哀的話來形容，那就是：「人什麼時候會死都不知道！」

爲了防範隨時都有可能被擊沉的危險，當時每位船員不管春夏秋冬，一律穿著厚重保暖的衣物和救生衣，以避免一旦船被擊沉、人在海上漂流時被凍死。

也是從事航海工作的大哥，他航行的船隻就是在行經台灣海峽時被擊沉的，他在海上漂流了三天三夜，被救起來的時候已凍得全身發白不省人事，在醫院裏躺了三、四天之後才醒過來，命雖然是撿回來了，但身體狀況卻從此每下愈況。

我初次航行的那艘「貴州丸」船長名叫濱田大吉，年紀相當大了，把我視如自己孩子般疼愛，常常用「MUSUKO（日語「兒子」的意思）」喚我；另外還有一位一等航海士（大副）光山虎一，與我則有如同兄弟般的感情，航行中對我頗爲照顧。而船上的渡部事務長，則是讓我學習很多的一個人。

回想初次航海的經驗，最感不適的即是暈船的問題。猶記得第一趟水路，船從基隆港啓程後，預計隔日先泊靠高雄港，再航往海南島。

一上船，渡部事務長便要求我，必須在當天晚上複寫十八份裝貨單和進港的相關文件，以便船到高雄港時，提供給前來檢查的相關人員審查。

船啓航後就遇到大風浪，船身不停地搖晃擺盪，暈得我嘔吐不斷，根本無法提筆寫字。但爲了完成任務，無論如何我都得想辦法把文件寫好，於是我用毛巾緊緊

地綁住額頭，極力忍住胃部的翻攪，一個人在房裏拚命的寫。

當時沒有影印機，必須用複寫紙墊著寫，可是因爲紙張的厚度問題，一次頂多只能複寫四份，所以說我必須抄寫五遍才行。

然而，暈船實在暈得太厲害了，有幾次我甚至來不及站起來，就「哇」地吐到紙上，結果又得重新來過，如此折騰了一夜，我不眠不休地寫到第二天早上十點，船到高雄港時，還寫不足十八份。

事務長到我房間，問我寫好了沒有，我又擔心又抱歉地向他解釋，沒想到，聽完我的解釋之後，他說：「沒關係，這樣就好了。」然後，他在我複寫好的十幾份文件中取出四份，交給港口檢查船隻的憲兵隊、水上警察、海關和移民局四個單位，剩下的叫我拿去燒掉。

霎時我心中湧起一陣怨氣與委屈：「明明只要四份就夠了，爲什麼要故意刁難我寫十八份！」我在心中偷偷罵他：「臭事務長！」對他如此刁難屬下，內心十分不諒解。

一直到船抵達海南島，事務長才把我叫進他房間，對我說：「我叫你寫這麼多份的目的，其實是爲了讓你集中精神做事，才能儘早克服暈船的不適，這樣你很快

地就可以適應在船上工作了；如果一暈船便躺著，就會一直無法習慣。」

聽了事務長的一番話，加上自己行船多日後，開始領悟渡部事務長的用心，進而對他心存感謝與佩服；他眞正的目的是要訓練我，而非因爲我是新人才故意爲難我。

聽說以前船上的船員還會用別的名堂騙新人說：「只要拿一些船錨上沾的土，泡著水一起喝下去，以後就不會暈船了。」其實這些都是欺負新人的花招。

又有一回，公司派新的服務生到船上工作，渡部事務長要我選最髒的一間客房讓他打掃，並作檢查。

事後渡部事務長問我打掃的情形，我回答他說：「已經打掃乾淨了。」話才說完，他就帶著我進入那個房間，親自教導我如何進行檢查的工作。

但見他逕自檢視一些小角落和窗框等一般人較不會注意的地方，如果伸手一摸發現還有灰塵，就表示服務生打掃得不夠徹底，必須重新打掃整理；渡部事務長告訴我，看事物不能只從表面判斷，要切入重點，觀察細微的地方，即可知道服務生是否馬虎敷衍了事。

他對於人員的訓練和教導非常重視，也相當嚴格，有些服務生若一再無法達到

他要求的水準，原來擔任一等客艙的服務生，可能會因此被降到三等客艙去工作。

在我初次的航海中，渡部事務長讓我學習到了很多事務，尤其他做事態度的認眞仔細和徹底，爲我提供了良好的典範和參考經驗。

這次隨船見習的機會帶給了我前所未有的體驗，亦讓我獲得不少啓示。我也因此深刻了解公司安排員工上船見習的用心和重要性。

日後成立長榮海運公司，我也創立營業人員隨船見習制度，讓營業人員了解船舶海上作業以及在各個港口裝卸貨物的情形，進而對各地的碼頭設施、配合環節等方面，都有一番體認。

這樣不僅讓營業人員了解運航部門的作業及辛苦，促進公司內部的和諧，營業人員也能藉此了解市場的狀況，增加海運專業的知識和視野，才能爲客戶提供一流的服務。

# 二、行船生涯

## 父親過世

戰況發展對日本愈形不利，公司在陸上的員工幾乎全被調去當兵，辦公室裏的日本人愈來愈少，公司人手不足，於是我又被調回台北總公司船舶部上班；我在船上總共才做了大約一年的事務員，一般在船上見習，都要歷經二、三年才有機會調回岸上。

山本部長見我回來，十分高興的跟我說，雖然我的年紀不大，但工作表現足以讓他信賴，所以，他決定讓我負責公司船員調派的人事工作。這份職務上面沒有課長，直接由山本部長管轄。

由於我年紀還輕，就被賦予這樣的重任，心中很有成就感，因此工作起來特別

帶勁。

當時戰火已蔓延台灣各地，家家戶戶爲了避難，不得不四處疏散，我將母親及弟弟、妹妹們疏散到宜蘭貢寮鄉下居住，自己則因爲必須到台北上班，便和大哥大嫂一起搬到汐止。

全家疏散以後，我收到了父親過世的不幸消息；當時因爲日本佔領美國在菲律賓的屬地——禮智島，父親行走的補給船「昭南丸」在航經禮智島附近時，被美國盟軍突擊沉沒。

據現場的目擊者說，父親在沉船後仍奮勇游水登上禮智島，但不幸被當地土著游擊隊誤殺，父親就在這次戰火中不幸身亡，消息傳來，全家人頓時陷入愁雲慘霧之中，那年是一九四四年，我才十八歲。

父親亡故的撫恤金十分有限，行船的大哥和在船公司做事的二哥又都已成家，必須養活各人的一家大小，於是母親和兩位弟弟、兩位妹妹的生活負擔和學費，就落在我一人的身上。

之後，日本政府將全國所有船公司的船舶組織起來，成立一個「船舶運營會」，各公司的船舶及職員全部移轉過去集中編列，直屬日本政府和軍隊管轄。

由於我是在日本船公司上班，所以不能避免地也要和大家一起到「船舶運營會」工作。

在該機構工作了很短的一段時間後，一九四五年八月十五日，日本向聯合國宣布無條件投降，第二次世界大戰結束，台灣光復，回歸中國政府管轄。沒多久，大批大陸軍隊、官員隨即來接收台灣。

由於日本人統治台灣長達五十年，我出生後就一直生活在日本政權統治下，從未接受過中國教育，當然更不曾學過北京話（國語），所以台灣光復後，我一時找不到合適的工作，就失業了一陣子。

那時，我想把母親及弟弟、妹妹們接回基隆的老家住，但回去後才發現，家裏的房子早已被戰火燒得片瓦不存，於是只好在基隆南榮路租屋居住，全家人僅靠父親微薄的撫恤金過活，日子過得相當艱苦。

## 兩位良師益友

我與林泰山以及林添福兩位先生之間的情誼，對我這一生的影響甚鉅。

林泰山是我二哥的小學同窗，他們一家人從我童年在蘇澳的時候，就和我家有

很深的交往；後來我們搬到基隆，林泰山正好也在基隆水產講習所就讀，他父親和他常來我家走動，兩家的關係一直都很親近，可說是世交。

林泰山學校畢業後，在台灣總督府的海洋巡邏船「開南丸」工作。幾年後，林泰山希望有機會能到商船服務，當時我父親正在「貴州丸」工作，和船長橋本文雄的關係不錯，於是把林泰山引薦到「貴州丸」當三等航海士（三副），從此林泰山就一直在商船工作。

記得在戰時，每回林泰山和「貴州丸」的一等航海士光山虎一當預備船員時，便住在我家，我們幾個人的感情，就像是兄弟一般。

林添福則是林泰山在基隆水產講習所的同窗好友。當時的水產講習所有一艘實習船「南鵬丸」，他們兩人在船上實習的時候，我常常利用晚上的時間跑到這艘實習船去找林泰山，就因為這層關係，我認識了這一生的另一位良師益友林添福。

林添福和林泰山都是基隆水產講習所第一屆的學生。林添福的成績十分優異，雖然他是台灣人，但在學校一向被推選為級長（班長）。

畢業後，林添福到日本郵船株式會社（NYK）的「富士丸」擔任三等航海士，跑台灣—日本定期客貨航線。戰時，他曾於日本海務協會海員養成所擔任教官，以及

在日本保險公會任技師等職務，一直從事和海運有關的工作。

台灣光復後，林添福的親戚張鳴（張建邦的父親）娶了當時在政府位居要職的居正的女兒，林添福因此和居正有了間接的親戚關係，藉著這層關係，加上他原本在航運界的優異表現，知名度跟著提升，和政府的高官也逐漸熟絡。

台灣光復後第二年（一九四六年），國民政府開始陸續接收在台灣營運的日本船，而這些船大部份是由招商局和台灣航業公司接手經營管理。

當時大陸來台的接收官員任顯群，被任命爲台灣航業公司的總經理。他平時和台灣人便有往來，對台灣人相當信任，也很友善。

任顯群與林添福素有交情，對林添福也頗爲賞識，所以特別將一艘五百噸的貨輪「鳳山輪」，派由林添福擔任船長，船員由林添福全權負責召集，這在當時算是相當難得的機會。

透過林添福良好的人脈關係，台灣人才得以上船工作，否則那時台灣的海運業幾乎全是上海人和寧波人的天下，台灣人根本沒有行船的機會。

林添福在接受派命後，就邀請林泰山到「鳳山輪」擔任大副。由於光復後我正處於失業中，因此，透過林泰山向林添福詢問是否有上船的機會，林添福一口便同

意我到「鳳山輪」工作。

然而，沒想到我在船上的職務，本來談好是當事務員，可是最後卻變成了管艙的工作。

追究原因，其實是當時船上職稱的中文和日文說法不同，如中文的「大副」，日文是「一等航海士」；中文的「輪機長」，日文則稱作「機關長」；因此日文的「事務員」，原本是相當於「課員」的職務，但在中文解釋下不知爲什麼卻變成管艙的工作。

對原本學文、從事的又是行政工作的我來說，「管艙」是份相當辛苦的差事，和我的志趣也不符合；尤其船上的水手，多半爲昔日船公司的舊識，當他們看到我從原來負責全公司船員調派的工作，淪落到在船上看管倉庫，常常不經意地嘲笑我。

那時內心雖然覺得十分委屈，但想到一家人的生計必須靠我支撐，無論如何都要咬緊牙根忍耐下去！林泰山對於我被分配的工作也頗感驚訝，但還是勸我多忍耐，並不斷地給我精神上的鼓勵。

也就在這個刺激下，我內心興起了一個念頭：「即使做了事務員，將來頂多也

只能升到事務長，就再也升遷不上去了，不如利用現在行船的時間多讀書，將來去考航海技術人員。」更何況我還有兩位現成的老師——林添福及林泰山可以教導我。

面對那些嘲笑我的船員，我心裏則暗暗許下心願：「靠著自己的努力，有朝一日，我一定要當上船長給你們看，如果你們不知上進，等到那個時候，可能還只停留在水手的階段而已。」

也許人受到了刺激，反而會更加發奮圖強；在此環境中，我加倍努力，準備考取航海技術人員的執照。

這個決定對我往後一生從事海運事業，具有相當關鍵性的影響。

萬萬沒想到的是，後來我成立長榮海運公司時，這些當初嘲笑我的舊識，也來應徵船員的工作；我提及此，並非有任何取笑的意味，而是感慨人生的際遇起伏，實在不能太早下定論，自己有能力就拉人一把，不要吝於幫助別人。

就像父親過世前，曾引薦林泰山到他服務的船上擔任三副；光復後，我失業時，林泰山幫我向林添福徵詢工作機會，讓我可以上船賺取家計。而在與他們同船航海當中，他倆不斷地鼓勵我要讀書上進，教導了我不少的航海知識，對我後來順

利轉往技術人員幫助很大。

## 船上自修和苦讀

爲了要一鼓作氣考上船上技術人員的執照，我在管艙的同時，一有空就看書，白天讀、晚上讀，常常看到三更半夜才停歇，有時連晚上做夢都還唸唸有詞複誦書上的東西，像是COMPASS（指南針）的運用等等。

有一次讀得太晚，不知不覺就趴著睡著了，在夢裏見到母親用很關心的口吻對我說：「你讀書讀得這麼拚命，是不是要去考狀元啊！」當時我並沒有將準備考試的事告訴家人，只想先趕緊把執照考到再說。

回想那段行船的日子，下功夫苦讀實在獲益良多，其中最大的好處是，書上所講的理論可以隨時在船上印證。值得一提的是，光復前後一般海運界規定，女人和其他非航海駕駛人員不得到駕駛台，那是一個神聖的地方；然而，船長林添福特別准許我上駕駛台，讓林泰山親自教導我航海實務的操作。

有關船上的各項儀器、設備與船員的航海技術等知識，我一有疑問，就立即向船上的船副人員請教，甚至和他們討論並作實際演練。如此一來，書本上的理論便

早期船上需使用六分儀測定船位，儘管科技進步，這仍是船員應具備的技能

容易融會貫通，而且越唸越有趣味，到後來甚至自己有了獨到的心得。

例如早期船上的設備尚未現代化，航行中要測定船位，都必須使用六分儀觀測太陽、月亮、星星和水平的角度，再以人工的方法計算，且必須在幾分鐘之內算出結果來，我發覺這是考驗一個人專心程度夠不夠的絕佳機會。

所以我成立長榮海運公司之後，在新人的考試科目中列入「心算」一項，其目的就是用來測驗一個人做事能否專心。

## 轉型成功

經過一段時間的苦讀自修，並在理

論和實務上雙管齊下，總算皇天不負苦心人，我考取了三副的執照，幫我甚多的林添福和林泰山，也都替我感到非常的高興。

這段時期所下的苦功，不僅讓原本在校讀商科的我，成功地轉往航海技術人員發展，也培養出閱讀的習慣和樂趣。

此後我即到其他的船公司工作，繼續航海生涯，更不忘隨時充實新知。在考取三副執照後，又順利地晉升考上二副、大副執照，並陸續在台灣航業、上海實業、大成海運、台灣海運等船公司擔任二副、大副，以及小型船的船長。

光復後台灣的航運業可說仍在萌芽階段，船隻不多，一般船公司只要有二、三百噸的船可以營運就不錯了，那時的狀況與現在實在難以相比，因爲台灣經過戰火的洗禮，許多船舶被摧毀，剩下來的寥寥無幾，能有一艘五百噸的船舶，已經是不得了的規模了。

在台灣海運公司的香蕉船擔任大副期間，回想起來可說是一段難忘的愉快時光；一方面那時候二千多噸的船算是規模相當大，覺得在這樣的大船當大副，很有成就感，家庭生活也逐漸改善；另一方面，工作之餘的閱讀習慣，讓我的生活更加充實，也憑添了不少樂趣。

年輕時在船上養成的讀書習慣一直維持至今

記得每回船在日本泊靠，我都利用大部份的時間待在書店裏，像挖掘寶藏般地蒐尋海運的專業書籍。每次一進書店，看到一批批新出版的海事書刊，如船舶演進、海運經營管理等，便如獲至寶似地把它們購買下來，待回到船上再仔細地閱讀鑽研。

當時「貨櫃化」還未開始應用在商船上，只有美國軍方用來運載補給品，因此世界海運業界對「貨櫃化」的觀念尚未普及；但是在我行船的那段時光，閱讀過很多有關貨櫃運輸方面的日文書刊，對於貨櫃運輸的特性與應用，已有了相當的認知與了解，並密切注意它的發展。

有一回，林添福剛好搭我執勤的船從日本返台，航行途中，我就趁此機會向他提起：「『貨櫃化』運輸將是未來商船的必然趨勢！」

沒想到十餘年後，「貨櫃化」在海運界掀起了運輸型態的革命，而我所創立的長榮海運公司也成了台灣率先採用貨櫃運輸的先驅，進而躍升爲全世界最大的貨櫃船公司，這在當時，實在難以預料得到。

直到現在，林添福偶爾還會跟我提及這段往事，當時眞是沒想到我對貨櫃運輸的發展，預料得如此準確。

## 終身大事

當我在船上的工作漸趨穩定、家中經濟情況也逐步改善之際，母親開始關心我的終身大事，儘管我在結婚之前曾經交往過兩位女友，但後來都分別因個人和家庭因素而分手。

二十七歲那年，在偶然的一次機緣裏，透過一位楊姓船長安排，我與內人因此結識，當時是母親一起陪同去相親的。由於婚姻大事我十分尊重母親的看法，因此在相親之後，第一個便是向她徵詢意見，母親回答說好，這門親事也就這樣定了，

並立即完成了結婚大事。

結婚之後我仍和母親、弟弟、妹妹們一起住在基隆，那時我在船上擔任三副，存了一點積蓄之後，便在基隆蓋了一間新房子給家人住。

那段時間我多半跑台灣—日本定期航線的香蕉船，上岸的時間一般都很短，記得結婚後十五天我就上船了；我是年初結婚的，年底就當了爸爸，對第一胎女兒的誕生非常高興。

行船生涯對我來說，唯一的遺憾是對家庭關照的時間太少了，尤其結婚後子女陸續出生，在他們的成長期間，我大部份的日子都在船上，與子女相處的時間非常有限。當時我所服務的香蕉

張榮發（中）與母親（右六）、夫人（左六）及家族成員

船，常常只允許船員在家裏停留一晚，第二天就得趕著上船，很難兼顧對家庭的照顧，因此教育子女的責任就全部落在我內人身上了。

在我行船的日子裏，雖然無法時時陪在家人身邊，但心中經常會掛念著他們，所幸內人長久以來對母親及子女的全心照料，才讓我在工作上無後顧之憂。

# 三、合夥創業

## 小船東的心願

在海上航行十五年的生涯當中，我不僅累積了豐富的海運實務經驗，而且從無間斷的閱讀習慣，也讓我在各種專業的書籍當中，汲取了相當寶貴的世界海運新知，以及領略出一套自己對於海運事業經營和管理的看法。

那時我內心一直以來最大的願望，莫過於成為一艘小型船的船東罷了！我時常欽羨著，只要能夠擁有一艘四、五百噸的小型船來經營，那麼，我就可以把這些知識和經驗，全部應用在將來自己小小的企業裏，加以施展發揮。

以當時自己的環境而言，的確不敢有太大的奢求和夢想，只企盼有朝一日能夠印證並實現自己的理想，便已感到心滿意足了。而心中懷著這一份對未來的夢想，

也就愈發勤奮努力，對於業界的專業書籍也愈讀愈起勁了。

我自步入社會開始工作，就進入日本船公司接觸海運的事務，海洋在我人生發展的各個階段裏，始終扮演著相當重要的角色，更是我對事業理想抱負的寄託。

因此在我的所言、所行及思緒裏，都充滿了與海運相關的事務。平時一有閒暇，除了鑽研海運方面的書籍與新知之外，最大的樂趣，無非就是和業界的好友們暢談這方面的理念和心得。

## 初次創業——新台海運

當我在台灣海運公司的「台運輪」上任職大副的時候，由於和當時該公司的副總經理兼負責營業部的廖文良是同事，每逢我船到基隆時，兩人常有機會一起談及海運的事務，他對於我所提有關海運經營的見解和理想，也深表認同和支持。

一九六一年春天，廖文良有意離開原來的公司，我邀他共同籌組一家新的海運公司，他即找他的一位好友朱向榮一起合夥入股。

但是新公司設定的資本額是新台幣一百八十萬元，每位股東必須出資六十萬元，而我當時的積蓄僅有十萬元而已。

新台海運時期

為了設法籌足六十萬元的股份，我只好向銀行尋求貸款。當時彰化銀行基隆仁愛分行的經理吳嘉珍和襄理黃民發兩人，看在我以往和他們的交情份上，熱心的幫忙我，再加上朱向榮爲我背書擔保，終於向銀行取得了五十萬元的貸款，我也因此得以加入新公司——「新台海運公司」的股東行列。

新台海運公司在一九六一年六月間正式成立，由朱向榮出任董事長，廖文良和我分別擔任總經理和副總經理。

公司內部業務的劃分，三人分工合作，由朱向榮掌管財務，廖文良統籌營業的部份，我則負責船務方面的業務。

公司初期的辦公室，就設在基隆廖文良

住家的二樓。

公司成立之初，由於我原服務的公司尚未找到合適的接替人選，所以一直延至九月底我才下船，正式投入新台海運的經營。當時我們三人都有共識，大家不分日夜全力打拚，誓必要把公司經營得有聲有色。

公司成立後便立刻展開購船計劃，準備行駛近洋航線。第一艘船是透過日本的一位屋敷先生介紹的一、六〇〇噸舊船，購入後改名爲「新台輪」。

記得一九六二年七月，我代表公司到日本看船，以及辦理購船的手續等。當我看到這艘一、六〇〇噸的船舶就在自己的眼前時，內心不由得感到一股衝擊和興奮！

因爲當初只敢夢想成爲一艘四、五百噸小型船的船東就心滿意足的自己，現在卻即將擁有這一艘規模大上好幾倍的大船，感覺宛如夢境一般。當晚，一個人下榻旅館，心裏始終掛念著公司將來的營運狀況和發展。想到自己爲此投注的精神心力，又向銀行借貸了五十萬元，不知何時才能夠全部清償，如此思緒反覆交替，久久無法消散。

所幸公司的營運狀況一開始就步上軌道，因此在一九六三年，繼續添購一艘

四、二二〇噸的舊船，改名爲「明台輪」。一九六四年又購入一艘四、四一〇噸的舊船，改名爲「富台輪」。

這兩艘船主要是用來行駛台灣—日本間的航線。當時由於台灣香蕉外銷日本十分暢旺，因此這條航線被視爲黃金航線。

另外與「富台輪」同時，也購進一艘八、六四〇噸的舊船，改名爲「榮台輪」，用來載運木材。

幾年下來公司的營運業績相當不錯，也累積了不少的利潤，但是我認爲凡事必須從長遠處考量，如果公司要繼續經營，一定得有所突破和長期規劃，才不會停滯不前。所謂「不進則退」，沒有進步成長，就會被淘汰。

## 建造新船的構想

當時大部份的船公司都是到歐洲等地，購買舊的冷凍船來載運香蕉，雖然船價較爲便宜，但我注意到這些舊船由於經年使用，冷凍設備容易故障，修理費用偏高，更時常會因此耽誤船期。若使用新船來航行，自始即注意保養維修，便可以容易地掌握船舶的各項狀況，運送效益也就可以大幅提升，船舶的使用年限也可增

長。

另外，一般船公司都採用美國戰時所建造的「自由型」（LIBERTY TYPE）運輸補給船舊船，每艘大約是一萬噸，充當木材船使用。

這些舊船並非爲了裝運木材而設計建造，艙口的大小和貨艙的規劃，並不適合木材的裝運，因而影響到裝卸的速度和裝載的容量，使用起來頗不符合經濟效益。

如果能建造新的木材船善加利用的話，一艘六千噸新船所能發揮的效益，其實遠超過一萬噸舊船的使用價值，因爲專爲載運木材而設計的船舶，艙口大、船底寬，而且都鋪設有鐵板保護，可以減少碰撞耗損，裝載的容量也較大，加上吊桿能承受較重的重量，裝卸時既方便又迅速，船速快又安全實用，更能符合客戶和船公司雙方的需求。

那時公司的營運，都仰賴載運香蕉和木材的業務，才能繼續生存和成長；在公司的財務狀況尚稱平穩之下，我便向另外兩位股東建議建造新船，以謀求公司更長遠的發展。

沒想到我的建議，不久就傳開到其他同業的耳裏，除了在業內引起一陣轟動，爲此還招致了外界的取笑和譏評。

他們在背後批評我「自以爲是」，因爲他們認爲沒有一家船公司會爲了載運木材而去建造新船，所以外界對此建議多半不以爲然，更懷疑公司是否支撐得了這種投資，大家也等著看我漏氣。

當時業界都認爲買舊船才能節省成本，何必花大錢去建造新船；事實上新船雖然投資金額較多，但是在修護保養、燃油、操控、人員配置、安全性等各方面，都可以節省不少的金錢和時間，並且創造更高的經濟效益，長期使用下來，不僅比舊船便利甚多，在投資報酬率上也遠比舊船划算。

對於嚴謹的成本管控，我一向非常注重，然而想要節省成本，並非凡事只講求表面的價錢，更要著眼的是其蘊含的實質內涵。

以機具設備而言，寧願多花一點錢，購買品質優良、實用性佳的產品，而非只圖一時價格的便宜或外表的花俏；精湛的人員和技術，也唯有適切的硬體搭配，才能充分發揮潛力。因此，以長遠經營的眼光來衡量，建造適用的新船是必然的投資。

基於長年浸濡海運事務的經驗，以及不斷透過聽聞、閱讀、觀察、學習和印證等方法，全心潛力鑽研於此專業領域，我相信自己的判斷並非沒有道理。

雖然別人無法了解我的用心，然而我對自己所持的理念，仍然信心十足，也不會輕易氣餒。我向公司的股東們一一說明了這些理由，最後也都獲得他們的理解和認同。

因此，公司就向日本的常石造船廠，同時訂造了一艘五、五〇〇噸的香蕉船和一艘六、二〇〇噸的木材船，而我也就成了台灣光復後，第一個主張建造全新香蕉船和木材船並將之付諸實現的人。

## 初識日本丸紅株式會社

建造新船需要大量資金，當時銀行貸款並不容易，不過由於新台海運朱向

新台海運5,500噸香蕉船在日本起工

榮董事長自己另外有一家生產腳踏車的工廠，和日本六大商社之一的丸紅株式會社（MARUBENI CORPORATION）平日早有業務往來，因爲這層關係，我和朱向榮便先以電話和丸紅連絡有關貸款造船的事，丸紅初步就表示有配合的意願。

於是我們親自到日本，和丸紅做進一步詳談。記得那次抵達羽田機場時，來接我們的正是橋本勳（ISAO HASHIMOTO），那時他剛進丸紅商社的船舶部沒多久，還是個資淺的社員，他的課長則是保坂清志（KIYOSHI HOSAKA）。

到達丸紅公司後，隨即開始洽談有關建造新船的貸款事宜。當我們和丸紅條件大致談妥時，卻發現另有一個問題仍待解決，那就是常石造船廠沒辦法提具任何擔保品給丸紅。

一般而言，在新船的建造期間，造船廠就需要一筆資金運用，才能購置材料開始造船；通常造船廠都會先提具充分的擔保品，向銀行融資貸款，以便取得這筆資金。

遺憾的是，當時常石造船廠的擔保品，已全部抵押給伊藤忠商社和其他往來銀行了，因此沒辦法再出具任何擔保品給丸紅，當然丸紅也就無法配合撥款了。這個結果使得雙方都覺得很惋惜，儘管丸紅非常有誠意和新台海運配合，但是遇到這種

狀況，也就愛莫能助了。

之前，公司爲了建造新船，向政府提出的外匯申請好不容易才獲准通過，如今卻偏偏碰上常石造船廠提不出擔保品申貸造船資金的問題；我們不得已只好請造船廠另外想辦法，所幸最後談妥由伊藤忠商社配合。

而我們和丸紅的接觸也到此告一個段落。雖然這一次的合作沒有成功，但是卻開啓了往後我與丸紅長遠合作關係的第一步。

## 赴日監造新船

由於船隻建造期間公司必須派人駐守監工，恰好我有一位同窗好友吳邦基任職於台灣造船廠，對造船方面有經驗，而他也向我提過希望有機會到民營海運公司工作，因此我便引薦他進來新台海運當工程師，和我一起到日本負責兩艘新船的監造。

同時，我另外也找了舊識邱垂村來公司幫忙，他原本是在基隆港警所擔任外事警察，多少了解船員的工作性質，而他也曾提及有好機會的話能邀他加入，所以我就請他負責船員管理的工作。

1965年於日本常石造船廠為新台海運之新船監工

當時日本的大造船廠造船價格相當高昂，一般規模較小的船公司是負擔不起的，新台海運所委託的常石造船廠，規模並不是很大，算是中下級的造船廠。

或許是這個原因吧，廠裏的安全管理非常不理想，我和吳邦基在日本監工一年期間，不曉得有多少次向其社長提醒安全管理的重要性，可是卻一直看不到絲毫的改善。所以我們只好戰戰兢兢，自己更加小心地監督各項工程的進行。

誰知道，我們訂造的香蕉船就在交船日期的前五天，後艙不明原因地突然著火，陣陣黑煙一直冒出，造船廠卻沒

有一個人敢出來採取任何應變的措施。

一般遇到火燒船的狀況，不能立即將艙門打開，以免火焰竄出蔓延。然而我趕到現場時，根據當下情況判斷，船艙內應該是煙，並非火舌，於是下令將艙門打開。

造船廠的人仍很遲疑地問我：「你這樣說是不是自己要負責任？」我毫不猶豫地回答：「我負責！」他們才把艙門打開，只見裏面濃煙密佈，有一個人因逃走不及，而被濃煙嗆死在其中；艙內冷凍設備大部份是以化學尼龍爲原料，所以幾乎全部付之一炬。

造船廠在這個節骨眼上出了這麼大的差錯，當時我氣急敗壞地當著造船廠神原社長的面前，忍不住狠狠地罵他：「BAKAYALO（混蛋）！」神原社長一直向我道歉，可是有什麼用？事情發生的當時，沒一個人敢站出來處理，事到如今才不停道歉，根本無濟於事。

公司的第一艘新船就出這種狀況，不但交船日期被延誤，還造成人員喪生的遺憾，更難堪的是，台北公司方面早已把慶祝交船營運的酒會請柬全發出去了，如今不得已，也只好硬著頭皮，一一取消原有的酒會通知。

船隻方面，由於必須先將後艙的冷凍設備全部拆除，重新裝置，儘管造船廠二十四小時日夜加班趕工，好不容易，這艘香蕉船終於建造完成，但已經比原定的交船日期延誤了二十多天。

「第一艘監造的新船就不能如期完成，這豈不成了當初批評我的那些人的笑柄！」

這件事對當時衝勁和勇氣十足的我來說，打擊相當大，原本還想風風光光地領著新船回台灣，如今卻感到黯然而且顏面無光。

所幸後來新船加入營運之後，公司的業績蒸蒸日上，其他的業者目睹新台海運的成長，不由得改變原來反對的態度，有些船公司甚至也紛紛跟進，不再只購買舊船，而開始訂造新船。

## 股東理念漸行漸遠

公司的營運和財務狀況既然已維持穩定，我認爲公司就應該及早建立體制，替未來更長遠的發展鋪路。由於那時貨主都在台北，所以我主張將辦公室遷到台北，直接進入市場的核心，以利於和客戶間的連絡配合及公司業務的拓展。

沒想到這項建議一提出便遭到內部人員的反對，主要的原因竟然是大家不願意通勤到台北上班。

其實當時我自己也住在基隆，這個建議對我同樣造成不便，但是我堅持應該以公司的發展爲首要，於是極力說服公司的股東，大家終於同意將辦公室遷到台北。

當時大約是光復後十幾年，國家還在戒嚴時期，船公司的經營十分的困難，上頭的管轄單位多達十幾個，像交通部、聯檢處、港警所、調查局、情報局、警備司令部、憲兵隊、港務局……等等，因而船公司的用人便常常要受到這些單位人情的壓力。

通常這些靠人情關說進來的職員，我們既不敢得罪，又不能管束，他們的工作態度大多鬆散，更離譜的還有在上班時間打毛衣的情形。我看在眼裏，心想如果公司都是這種人，那公司以後恐怕就會越來越難運轉，根本無法推動任何業務了。

因此我希望能夠採取公開招考的方式，遴選適當的人才進公司做事，建立健全的用人制度；但是公司其他人員卻認爲，還是要賣相關單位的面子，以免日後跟他們打交道時遭到麻煩。

然而我始終無法認同這種做法，所以和公司部份股東的經營理念，開始產生分

歧。

不久，公司的近洋航線已經營得頗爲出色，於是我建議進一步發展遠洋航線，以便將公司的業務領域逐步向世界各航線拓展；但是這個建議又遭到其他股東以找不到有遠洋航海經驗的適當人選爲由，表示徹底的反對。儘管我一直強調人才可以透過公開招考，來源絕對沒有問題，而且更可以藉此減少人情包袱，但還是沒辦法改變他們的態度。

我和股東之間的裂痕愈來愈深了，以前種種無法達成共識的地方，加上這次的導火線，讓我覺得必須選擇適合自己的路走，於是，我開始萌生退意，打算退股。

朱向榮知道我的決定後，一直想盡各種辦法慰留我，甚至說要和我一起離開新台海運，我勸他打消這個念頭，以免造成公司解散的命運。

由於我的去意已堅，最後，公司開會同意我退股，邱垂村和吳邦基也跟著我一起離開。

在新台海運約四年的時間，我學到了一個經驗，那就是一個企業若要經營成功，初期絕對要有一個專業的經營者，以「獨裁」的方式爲公司做重要決策並且極力推動、徹底執行。

中央海運時期

任何合夥型態的企業，不管規模大小，往往只要有兩個人的理念不同，就會影響整個公司的經營和發展。

## 二度創業──中央海運

離開新台海運之初，我原本打算先休息一段時間之後，再考慮未來的去路。沒想到當蕭如水和他兄長蕭易水兩人知道後，就把這個消息告訴他們的姨丈田九經，希望藉由他出面找我談，看看我是否有興趣和他們合夥經營船公司。

蕭如水是以前我在行船的時候船上一名輪機實習生，當年我和他並不熟絡。而他的姨丈田九經，是情報局基隆

站的主任，以前新台海運公司還設在基隆時，我和田九經就有交情；當時台灣正處於戒嚴時期，出入境非常麻煩，但田九經對我一向很幫忙。

田九經受蕭氏兄弟的委託，便找我了解狀況，他知道我對海運事業始終抱持著一股狂熱，當時對未來也還沒有什麼決定，就邀我和蕭氏兄弟共組另一家船公司；不過，有先前新台海運合夥經營的痛苦經驗，老實講，我的意願並不是很高。

但由於田九經極力邀請和促成，何況他又是我相當敬重的長輩，因此最後我便答應和蕭氏兄弟共同成立「中央海運公司」。

中央海運公司於一九六五年正式成立，事務所設在台北市的南京東路上，董事長由我擔任，蕭易水爲總經理。邱垂村和吳邦基兩人也跟著我到中央海運工作，邱垂村擔任營業經理，吳邦基則當船務經理。

中央海運成立之初，由於資金並不充裕，所以先買舊船經營近洋航線，最終目的則計劃朝遠洋航線發展。經營初期的營運狀況還算不錯，然而蕭氏兄弟的經營方式與傲慢的態度，卻成了公司日後發展的隱憂。

蕭易水爲人較霸道，他找了太太娘家的人負責掌管公司的財務，偏偏這些人對財務管理又都是外行，我雖然不認同這種作法，但總念在和田九經的情份上，儘量

不和蕭氏兄弟產生摩擦。

誰知道蕭氏兄弟卻反過來常常向田九經投訴我的不是，田九經因而也會找我談談，希望藉此化解我們之間的誤解和心結；由於我對田九經十分敬重，他所說的話我都很遵從，但是，我越忍讓，蕭氏兄弟就越囂張。

另一方面，公司內部人事的不和，也逐漸白熱化。蕭易水一心想完全掌控公司的財務和人事大權，而邱垂村行事也有己見，因此他們兩人在公司的許多事務上，經常意見不合。

有一次，蕭易水和邱垂村一起去新加坡考察業務，由於邱垂村的英文較好，與別人洽談業務時，全部以英文交談，但內容又沒事先向蕭易水報告，蕭易水認爲自己身爲公司的總經理，卻沒有得到應有的尊重，心裏十分不高興，兩人於是在新加坡就鬧翻了，一路吵回台灣。

回到台北以後，因爲邱垂村是我找來的人，蕭易水就跑來找我理論，認爲他跟邱垂村既然無法共事，兩個人其中只能有一個人留在中央海運，蕭易水說：「不是他走，就是我走！」

我夾在他們兩人中間也很爲難，只能盡量緩和這種不愉快的局面；我勸他同事

彼此間要多擔待，以和爲貴，不要爲了一點小事傷感情，大家講開就沒事了嘛。但是蕭易水仍無法接受我的勸解，他與邱垂村的間隙也日益加深，後來甚至鬧到兩人互不講話的地步。

由於當初邱垂村是跟著我一起到中央海運的，所以他們認爲我的態度一定是偏向邱垂村，因此蕭氏兄弟就把對邱垂村的不滿，牽連到我身上，也埋下日後公司解體的惡因。

## 第一艘遠洋定期船

一九六七年下半年左右，在新台海運時期所認識的丸紅商社板垣課長，得知我又和朋友成立了中央海運公司，有一天專程到辦公室來看我，問及我的近況和公司經營的情形。

我告訴他當初自己離開新台海運的原因，以及中央海運經營的狀況。我預料，中央海運如果不繼續拓展業務，未來仍會遇到和新台海運一樣的瓶頸，蕭氏兄弟當時也沒有經營遠洋定期航線的意願。

我接著又問他現在是否願意與我們做生意，他表示十分歡迎，我說：「要是歡

迎，回去後就幫我們找一艘適合跑遠洋定期航線的船，由丸紅提供貸款賣給我們。」

板垣課長當時就回答說：「據我所知，目前有一艘很適合的船，等我回去看看情形怎樣再和您連絡，貸款的問題我們可以再談。」

板垣課長回日本後不久，便告訴我們有一艘同和海運公司的雜貨船「雄進丸」待售（後來我們買進之後，改名爲「CENTRAL TRUST」）；於是我馬上到日本和丸紅洽談此事。當時丸紅的船舶部，都是我所熟悉的一些舊識在那裏工作，保坂清志已升爲部長，板垣先生是課長，橋本動則成爲船舶部的資深職員（之後長榮的業務即是由他負責承辦）。

「CENTRAL TRUST」是二次世界大戰後日本建造的一艘優秀的定期船，載重噸爲一〇、〇九五噸。

以前所謂的定期船就是指雜貨船（GENERAL CARGO SHIP），它的船艙隔成好幾層，可以放不同的雜貨，後來便演進爲貨櫃船的型態；散裝船（BULK CARRIER）則是屬於不定期船，一般用來運送大宗物資，像豆類、小麥等，船腹沒有隔層，和雜貨船的運送型態並不相同。

當丸紅介紹我們購買「CENTRAL TRUST」時，它的船齡已十五年了，加上原來所

屬的日本船公司並沒有用心保養，所以性能不算是頂好，不過仍勉強可以使用。

我和吳邦基到日本看船的時候，也了解這一點，但因爲售價便宜，而且貸款方面丸紅願意幫忙，所以還是決定買下它，先經營看看。

由於那時公司的資金並不寬裕，因此必須忍耐這種拮据的情況，而中央海運要想突破現狀，非得發展遠洋航線不可，現在，丸紅不但馬上替我們找到適當的定期船，又願意貸款給我們，這種千載難逢的機會如果不把握的話，以後可能就沒有了；一家小型船公司，如果要單靠自己的資金和關係，一步一步拓展業務，簡直就像台灣人常說的「龜爬壁」，實非易事。

所以我們決定先買下「CENTRAL TRUST」這艘中古船，做爲開闢遠洋航線的試金石。當時購買「CENTRAL TRUST」的船款爲五十四萬美元，其中百分之六十向丸紅貸款，百分之四十自籌；那時信用還未建立起來，因此貸款的期限只有三年。

一切條件敲定後，我們和丸紅於一九六七年十二月簽約，一九六八年四月，「CENTRAL TRUST」在日本常石造船廠正式交船給中央海運。

不久，大約是一九六八年五月的時候，剛好政府公布了當年的造船計劃，我們趕緊把握這個機會建造新船，終於替中央海運爭取排上政府當期的造船優惠計劃，

得以建造一艘全新的雜貨船。

當期造船計劃的優惠條件是，百分之八十的船款由台灣銀行擔保，向日本輸出入銀行貸款，另外剩下的百分之二十船款自籌。而這百分之二十自備的部份，我們則向丸紅申貸，以順利建造這艘新船。

我們和丸紅雙方於五月間談妥貸款的條件後，我就代表中央海運和丸紅簽訂臨時契約。

## 「CENTRAL TRUST」出航不利

話說「CENTRAL TRUST」在日本交船之後，從橫濱（YOKOHAMA）、大阪（OSAKA）、門司（MOJI）等港口，沿路運些雜貨回基隆。回到基隆後，卻發現這艘船的性能比預期中的還差，於是立即進塢修理了將近一個月。

船出塢之後，經與日本昭和海運（SHOWA LINE）定期船部的五十嵐課長商洽租船事宜，雙方議定由中央海運把「CENTRAL TRUST」以論時租傭（TIME CHARTER）的方式，租給昭和海運一年。

不料，「CENTRAL TRUST」在租給昭和海運的第一個航次，就出了相當嚴重的狀

況。

當次航行是從遠東地區裝載合板（PLYWOOD）和其他雜貨等，於一九六八年八月十四日，從日本橫濱滿載出航，前往美國西雅圖（SEATTLE）；誰知道航行途中在伊琉森群島（ALEUTIAN ISLANDS）附近，船上的給水幫浦（FEED WATER PUMP）竟然發生故障，船無法繼續行駛，以至於在海上漂流三天。

這三天當中，經過船員奮力搶修，勉強讓船恢復動力，但是船速必須放慢到五節（KNOT）的低速，才有辦法把船安全開到西雅圖和溫哥華（VANCOUVER）卸貨，但如此一來，靠港的時間將比原定的船期延誤二個星期以上。偏偏船上的貨物，有一部份是聖誕節的應景用品，有時效性，爲了因應客戶的要求，昭和海運必須在船一靠港時，就趕緊把這些貨品改用空運的方式轉運到內陸給貨主。

由於這條航線提供的是定期航線的服務（LINER SERVICE），最重要的即是船期準確，如今船期延誤二個星期以上，問題相當嚴重，以致貨主紛紛向昭和海運索賠，再加上空運產生了高昂的費用，昭和海運的主管爲了這次事件很不高興，因而向中央海運要求鉅額的賠償。

儘管當時「CENTRAL TRUST」還在前往美國的航行途中，昭和海運當下就和中央

海運提前解除合約，不再續租「CENTRAL TRUST」。

同一時期，中央海運的經營也出現了許多問題，一來因爲當初公司設立時的資金不是很充裕，以致公司在營運拓展和資金周轉上都不容易發揮；二來是公司內部人員不和的問題愈演愈烈，尤其蕭易水和邱垂村自從那次新加坡洽公回來之後，兩人之間的摩擦更是不斷，蕭氏兄弟也把這些不滿，都牽連到我身上來，進而影響了公司的正常運作。

其實蕭氏兄弟行事的霸道和自私，在公司剛開始經營二、三個月時，我就已經發現了，尤其公司的財務一直是由他們一家人掌控，外人根本無法參與意見，漸而在公司內部形成派系，對於同事間的團結和諧，以及公司業務的經營拓展，漸漸形成阻力。

剛好又碰到「CENTRAL TRUST」發生狀況，昭和海運要求提前解約，蕭氏兄弟便抓住這個機會藉題發揮，他們把「CENTRAL TRUST」的性能不好及業務推動不力，歸咎於我和邱垂村，進而又推翻先前公司開闢遠洋航線的立意，認爲當初執意要做遠洋航線的人是我，現在接連發生這些不如意的事情，就把責任全部推到我身上。

蕭氏兄弟藉口說公司的財務狀況不好，公司不賺錢，既然「CENTRAL TRUST」是

我建議買的，那麼，爲避免公司財務繼續惡化，他們要我來負擔這些債務。

大約是一九六八年八月底吧，我出差到日本洽談業務，不料，蕭易水就趁我人不在的時候，擅自召開臨時董事會，解除了我的董事職務，並在會中決議要我把「CENTRAL TRUST」一起帶走。

會後，邱垂村立刻緊急打電話到日本通知我，告訴我蕭易水一連串的動作，以及我被解除董事職務的事情。由於董事職務被解除，我不能再擔任公司的董事長，所以我一旦回台灣之後，公司的董事長就得交接換人了，而我勢必只有離開中央海運一途。

那時如果我尋求法律途徑控告蕭易水，是可以成立的，因爲我身爲公司的大股東，按照法理，他們不能趁我不在、沒出席會議的時候，就私自召開董事會並解除我董事的身份；但是我不想把事情弄大，我覺得既然彼此爲人處世的作風不同，也就不用勉強共事，而且依照自己的個性，總覺得得饒人處且饒人，所以我仍決定尊重董事會的決議，絕不爲難任何人。

回想當初，實在是念及田九經和我的情誼，是他的極力促成，我才答應和蕭氏兄弟合夥經營，公司一旦成立，我一心只想認眞地替公司做事，但面對一些沒有共

識的人，以及後來層出不窮的問題，我自知早晚勢必要離開，只是怕對田九經不好交代，所以始終沒有主動開口。

現在事情既然已經發展到這種地步，我也沒什麼好留戀了，至於他們要我把「CENTRAL TRUST」一起帶走，雖然並不合情理，但是個性使然，即使咬緊牙根，我也會把船帶走，以免爲難別人。

## 離開中央海運

當我在日本知道這個消息後，也把這件事情的來龍去脈，包括蕭易水用這種方法解除我董事職務等事情，一一告訴丸紅的保坂部長。

保坂部長問我以後打算怎麼辦，我告訴他：「當初你們好意幫我找船，又貸款給我們，我已經十分感激，現在我不想連累你們，也不會爲難蕭氏兄弟，我會擔起『CENTRAL TRUST』這艘船的責任，將它一起帶離中央海運，獨自經營，但是有關中央海運新建雜貨船的貸款，希望你們能繼續幫忙他們。」

他又問我說：「你只有一艘船而已，以後要如何經營呢？」我說：「是啊！單靠一艘船是沒辦法生存的，以後還要多拜託你們，我會先詳細規劃未來的發展，再

和你們一起商量。現在我必須先趕回台灣，把這些事情做一個了結才行。」

由於之前我已經代表中央海運和丸紅簽立貸款百分之二十船款以建造新船的臨時契約，而這些貸款的細節都是由我和丸紅談定，臨時合約也是由我署名的，一旦我離開中央海運，這份臨時契約的有效性就會產生爭議，而丸紅可以考慮更改條件甚至取消整份合約。

針對這點，我考慮到中央海運好不容易才爭取到排上政府的造船計劃，以及向金融單位申貸建造新船，如果現在丸紅方面的貸款產生問題，恐怕會影響到他們建造新船的機會，一旦有了不佳的記錄，以後想要再獲得這種機會，就更加困難了。

所以我仍特別向保坂部長拜託，請他們務必要按照原來的契約條件，貸款給中央海運建造那艘新船。

中央海運一時之間人事全非，丸紅對於和中央海運蕭氏兄弟合作的意願，也大大地降低，但是經過我向保坂部長再三拜託，他們才答應會再考慮。

我回到台灣之後，隨即進行退出中央海運股份的事宜。那時我不僅沒有分到半毛錢，而且由於「CENTRAL TRUST」要歸我所有，所以我除了必須支付船款給中央海運之外，其他包括船的貸款及船上船員等一切的開銷，全都落在我一人身上。

事情處理好了之後，我也當面向田九經清清楚楚地說明一切，讓他理解實際的狀況。最後，邱垂村和我一起離開了中央海運。

# 第2部

## 邁進海洋

一個道道地地的海運人，

如此的認真、努力和付出，

難道就要被一連串的打擊逼迫得走投無路？

或許這正是上天對我的考驗和磨練吧……。

# 一、海運人

## 以一艘中古船草創長榮

我離開中央海運的過程，實在是事出突然，當時「CENTRAL TRUST」仍在海上航行之中，就倉促地由中央海運易主到我手裏（後來我將其中文船名改爲「長信輪」）。

爲了安撫船上同仁可能會產生的惶恐和不安，我則馬上成立一家新的船公司，即於一九六八年九月一日創立了「長榮海運公司」。

爲了替新公司命名，本來我是想直接採用自己的名字，即爲「榮發（YUNG FA）海運公司」，後來又考慮以自己姓名的前兩字「張榮」來命名，但也好像沒有人這樣取，不如取「張」姓的「長」字邊，變成「長榮」二字，長榮海運公司的名稱就這

樣確定下來。

當時有朋友曾告訴我說，「長榮」這個名稱恐會和另一家「李長榮」公司令人產生混淆，但我認爲「李長榮」是著重在「李」姓開頭，我們則是以「長榮」兩字爲主，二者並不相同，因此最後我還是維持用「長榮海運」這個名稱。

至於長榮海運的英文名稱，原來是想直接用長榮的英文拼音，即「CHANG YUNG」，後來又考慮採意譯的方式，如「EVER LASTING」或「EVER GLORY」。

最後則是採用邱垂村的建議，即爲「EVERGREEN」一字，其含意即是象徵公司永遠朝氣蓬勃、繁榮興盛，同時也比

張榮發即以這艘頻出狀況的「CENTRAL TRUST」開創了海運史的奇蹟──長榮海運

喻著公司，就如同美麗的寶島——台灣一般，一年到頭都是綠意盎然、四季如春，永遠生生不息和欣欣向榮。因此長榮集團自一開始成立，即選定亮麗、有朝氣的綠色做為企業識別的顏色。

先前我離開新台海運時，在長安東路買了一棟四層樓的房子，三、四樓當住家使用，二樓則租給日本香蕉公會；長榮海運公司成立初期，便先利用一樓的空間當辦公室使用。

新公司一成立，我即刻發電報到船上，通知船員們這艘船已由我接手，今後船員們的薪水和其他一切費用，都由我自己新成立的公司——「長榮海運公司」支付，請他們安心地繼續工作。

之前丸紅商社的保坂部長知曉了我離開中央海運的經過，心中已打算進一步了解實情，再決定是否要貸款給中央海運，以及對我未來的支持程度。所以在我回台灣之後，保坂部長就暗中派橋本勳來台灣進行調查工作，之前我並不知道他會派人來台灣調查，他也未曾向我透露這項做法，而是在事過境遷多年後，我才獲知此事。

橋本勳先從丸紅商社台北支店蒐集相關的資料，再徵詢航運界人士和一些相關

單位的意見和看法，以深入了解台灣海運業者的運作情形。

根據他調查的結果，蕭氏兄弟經營海運事業的作風並未得到外界一致的認同，對於他們未來在海運業的發展，多數持保留的態度。而對於我的評論，則是「一個道道地地的海運人」。

橋本勳在報告中指出：「張榮發先生從步入社會開始，就從事和海運有關的工作，更是一個靠自己自修苦讀、由事務工作轉換到航海專業技術人員的特殊例子。無論是對於陸上行政或是海上作業，他都飽具專業經驗，對海運事業的經營管理，具有獨特的眼光和開創性，加上又是個很肯做事、負責任的

張榮發（左一）和橋本勳（左二）、邱垂村（右一）合影

人，因此一直被認爲是海運界不可多得的人才。」

他強調：「公司應該趕緊全力支持張榮發先生，他才是對海運事業專精的『海運人』，這也正符合丸紅公司想要在台灣尋找一家有潛力的海運公司長期配合的條件。」

橋本勳極力建議丸紅應該給予我徹徹底底的支持；而保坂部長根據他平日對我的了解，也非常同意此一看法。

至於丸紅原本要貸款給中央海運建造新船一事，橋本勳表示，他當時考慮到，由於雙方的臨時契約已經簽妥，若是突然變卦，恐怕會衍生出問題，蕭氏兄弟也會因此誤會是我去向丸紅告狀才生變。

另一方面，鑑於那艘新船的建造已排上政府的造船計劃，其中百分之八十的船款是由台灣銀行保證，向日本輸出入銀行貸款，應該不會有什麼問題才對。即使日後萬一中央海運發生意外狀況，付不出貸款時，由於這艘船是新船，若要脫手出售，比舊船來得容易，因此貸給中央海運百分之二十的船款，其風險性是可以掌握的。

所以，橋本勳在其報告中亦建議，爲了讓事情圓滿，丸紅還是依照先前約定的

條件，貸款給中央海運，不過幫忙的範圍僅限於這一艘船而已，以後就不再繼續支持中央海運了。

## 創業資金拮据

長榮海運匆促成立，財務狀況相當吃緊，爲了準時支付船員和職員的薪水，以及公司的種種開銷，時時得硬著頭皮向銀行借貸，始終無法擺脫向銀行請求拜託貸款的困境。

當時公司的股東只有我一個人，爲了穩定公司的財務狀況，我也曾試圖向外集資，想找一些朋友合資經營、投資長榮海運，但是他們都不感興趣。

我想，這也許就是命運的安排吧！上天要我獨自去承擔這些磨練和考驗。

其實如果不是極大的財務壓力，我和別人合資的意願也不高，因爲新台海運和中央海運的合夥經驗，讓我深深體會到，公司的經營者若是理念不能一致，業務便無法往前進行。

尤其公司在發展的過程中，一定要有一位對該事業專精的管理者，才能深入公司的經營並奠定根基，把公司導向穩固的發展正軌。

但是合夥股東的經營理念並不一定能夠完全一致；若是任由外行的做法來統領公司的發展，實在是讓人內心感到焦急又放心不下；但是我所提出的觀點和做法，別的股東也未必都能認同。

這樣一來，自己內心產生的掙扎日益加深，這就好像一個人奮力地朝自己的理想和方向前進，卻不時有累累的大石頭擋在面前一樣，讓人無法繼續往前邁進，卻又不願妥協放棄，如此的矛盾和痛苦。

既然如此，我只能決定自己獨資經營下去，同時心裏也有相當的認知和覺悟，一旦做不成功，就再回去行船。然而公司只有一艘老舊的船，收入實在有限，種種開銷接踵而至，沉重的財務負擔，實在壓得人喘不過氣來，公司的經濟狀況頓時陷入苦境之中。

所以，我只得趕緊到日本找丸紅商談，把公司當時的狀況和困境讓他們了解。他們終於同意讓我先暫時停付「CENTRAL TRUST」半年的貸款本金和利息，我才能以這段期間「CENTRAL TRUST」的運費收入，勉強去運用周轉。否則每個月光是支付船的貸款，已是捉襟見肘，公司根本沒辦法營運下去。

## 添購船舶，突破瓶頸

儘管財務壓力相當沉重，但是公司光靠一艘船營運，仍不足以讓公司生存或發展，唯有擴增船隊，才有機會擺脫困頓的局面。因此，我咬緊牙根著手擬定船隊的發展計劃，準備添購一些中古船來營運。

丸紅對我十分幫忙，不僅讓「CENTRAL TRUST」的船貸和利息暫停支付半年，又積極地幫我尋覓合適的船隻。

保坂部長的岳父伊藤先生，以前曾任日本昭和海運的社長，保坂部長就去找伊藤先生商量，請他給予幫忙，因此促成昭和海運將一艘散裝船「日隆丸」賣給我們，長榮海運購入後，改名爲「長隆輪」（EVER GLORY）。

那艘船是以CHARTER BACK的條件議定購入，我們先向昭和海運買下這艘船，成爲「長隆輪」的船東，再以論時租傭契約，將船租給昭和海運攬貨承載，收取租金，而船舶運航方面，則由長榮海運自己負責。

「長隆輪」船款的百分之九十五，是由丸紅貸款，我們須自籌百分之五的費用。

但是那段時期是我最艱困的時候，連百分之五的自備款都拿不出來；其他像油

料及一些運航的開銷，我也沒有能力支付。

後來，丸紅總公司命令台北支店當我的保證人，由我向上海銀行和彰化銀行借款。由於有丸紅的保證，銀行才肯把錢借給我。

購進「長隆輪」，是以論時租傭方式租回給昭和海運裝載使用，我們和丸紅約定，這艘船的租金收入，由昭和海運直接付給丸紅，丸紅可以先扣除我們應付的船貸，再把剩餘的錢轉給我們。

但是丸紅基於對我的信任，最後昭和海運的租金還是直接付給長榮，我們也按期償還貸款予丸紅，雙方建立起良好的信用和合作關係。

在財務吃緊情況下，由保坂清志幫忙，購入第二艘船──長隆輪

所幸「長隆輪」的船舶狀況良好，航行還算順利，公司才有租金的收入。我們雖然買了第二艘船，但是擴充的腳步還是不能停緩，必須要趕快再增加船隻經營。

記得那一陣子，爲了公司的資金和業務，我三天兩頭就往日本跑，由於終日奔波，心裏始終掛念著公司的大小事情，常常睡眠不足，精神也總是顯得緊繃和操煩，因此氣色一直不太好。

有一次保坂部長看到我疲憊的模樣，便拍拍我的肩膀，安慰說：「放心好了，我們一定會幫助你、支持你，你不要擔心，好好去做。」

簡單的幾句話，讓我內心由衷地感動和感激，至今還是未能忘懷。

# 二、海運之花

## 實現遠洋定期航線的夢想

由於長榮海運成立初期在市場上尚未建立起知名度，攬貨能力還未鞏固，故無法在世界各地的市場承攬到大宗貨物。因此，公司初期的經營型態，即是購進散裝船租賃給別家船公司載貨使用，賺取租金的收入。

針對這種論時租傭的經營模式，爲了確保公司能有穩定的營收，必須事先談妥合作的對象和條件，才能進一步購進船舶。

儘管如此，對一個自年少起即與海運接觸的我來說，經營船公司固然是事業上追求的目標，然而最終的理想，仍在於開闢遠洋定期航線。這不僅因爲我早期的行船生涯，即是航行定期航線，本身已累積了豐富的經驗，最重要的是，我對遠洋定

期航線的經營，一直懷有極大的興趣和熱忱。

我在新台海運和中央海運時，雖然也經營定期航線，不過都是近洋航線而已，我曾建議發展遠洋定期航線，可惜未被公司股東們接受。

以當時的環境而言，定期航線的經營並不容易，它的業務型態較爲複雜，除了必須提供定期灣靠港口的服務，每一個航次都得向眾多的貨主攬貨，因此公司的組織和規模都較龐大，所以船公司必須要有相當的把握，才能經營定期航線。

散裝船是屬於不定期的航線服務，既無固定班次，也沒有一定的航線，哪裏有貨，船就開到哪裏，每次都是清一色的大宗物資，如鹽、廢鐵、煤炭、穀類……等。船公司通常是透過傭船經紀人（CHARTERING BROKER）居間攬貨，所以比較沒有業務壓力，公司的組織也較爲簡單。對我來說，這種經營型態較缺乏挑戰性，無法施展我對海運事業的抱負。

而其他像油輪（TANKER）等的經營，有的甚至只要事先找到一個貨主訂立契約，如十五年、二十年不等，雙方確定了運價條件，船公司就可以去購船或造船來承運了。

另一方面，油輪經常需要在海上洗艙，往往造成嚴重的污染，因爲油卸了之

後，還有油垢沉澱在艙底，船開出後，必須設法把這些油污、油垢清除到海上。

儘管有些船公司像日本郵船株式會社，同時經營定期航線、不定期航線和油輪等不同的業務，但我一直未曾考慮經營油輪，即使有一陣子油輪景氣相當好，我仍然毫不動心。

因爲我深感未來全世界船公司的經營趨勢，勢必會以定期航線爲最高理想；當時業界所謂的「海運之花」，就是用來形容最耀眼、並深具發展潛力的海運經營模式，指的也就是定期航線。

我始終認爲，海運的發展終究要朝向世界遠洋航線拓展，而各家公司派遣在近洋航線的船隻已十分眾多，所以發展遠洋航線，才能賦予公司成長空間，否則日後就難以突破和進展了。於是，我計劃一步一步開拓公司自己的市場。

## 瞄準中東市場

基於這些理念，我先找丸紅懇談，尋求丸紅的了解與支持，介紹一些適合跑遠洋定期航線的船舶。沒多久，丸紅便告知，日本的川崎汽船株式會社（K LINE）有舊船待售。

我們很快同意接手，購入了「長島輪」（EVER ISLAND，原名：青島丸）和「長邦輪」（EVER STATE，原名：榮邦丸）二艘船。「長島輪」是一艘雜貨船，將用來行駛遠洋定期航線；「長邦輪」則是散裝船，買入以後仍以論時租傭的方式租賃給昭和海運攬貨承載。這兩艘船的自備款為船價的百分之十，其餘百分之九十都是由丸紅貸款。

公司決定買下「長島輪」的同時，我們也首度對外宣布，長榮海運將開闢遠東—中東定期航線。當時，台灣沒有任何一家公司經營這條航線，大部份的船公司僅行駛近洋航線，頂多也只有散裝船才跑遠洋航線。所以，長榮海運以

拓展中東地區貿易市場

中東遠洋航線做爲第一條定期航線，立刻在市場上引起一陣訝異。

台灣往返中東的航線，一直都被運費同盟（由NYK、OSK、MAERSK……等各大船公司組成）所霸佔，但是運盟的船隻，在日本承載的貨已佔了大部份的艙位，台灣地區只被分配到很少的艙位額度，運費也相當高。

其他船公司若要加入運費同盟共同運作，未必會爲運盟所接納，但只要有任何一家船公司以獨立營運的身份，也去跑這條航線，就會面臨被運盟逼退的命運。

敢於嘗試的船公司，一般差不多三個月就被運盟擊退了，有的甚至跑一、二個航次便受不了，因爲常常承攬不到貨載，貨主完全被運費同盟的船公司所掌控，所以，很少船公司敢輕易嘗試開闢這條航線。

也就是這個原因，儘管台灣所生產的貨品物美價廉，吸引了很多中東地區的客戶，但由於台灣的貨主很難向船公司拿到艙位，以致常常無法確定貨物運送的船期，中東地區的貿易市場一直無法打開。

我觀察到這種現象，了解癥結所在，因此，便鎖定目標，決定朝中東航線發展。一來希望能夠爲台灣地區的貨主提供充足的艙位，免除他們訂不到艙位之慮；二來則計劃進一步和台灣的貨主，共同推展中東地區的貿易業務，以建立公司自身

的客戶群。

當我們正式對外宣布要開闢中東航線時，運費同盟雖然沒有把長榮海運看在眼裏，但是盟外船公司的加入，對他們而言終究是一種威脅和競爭，因此我自己也有心理準備，運費同盟一定會採取種種措施，把長榮海運逼出這個市場。

## 首度和運盟交手

記得我到日本辦理「長島輪」交船手續，要從日本回來的那天，丸紅商社的橋本勳送我到機場。我們一到羽田機場，遠遠的就看到昭和海運的五十嵐課長，已在那邊等候多時。

五十嵐課長一看到我，就趕緊朝著我走來。當時我用開玩笑的口吻問五十嵐課長：「不知道你是特地來送我呢？還是來接客人的？」

沒想到五十嵐課長卻很鄭重的回答說：「我是專程來送你的。」

我便笑著，有點不相信地說：「喔！那這樣天就要下雨了（太陽就要打西邊出來）！」不過，從他嚴肅的表情中，可以看出有事情要與我商談。

離飛機起飛還有一段時間，於是，我和五十嵐課長及橋本勳三人就到機場內的

咖啡廳坐下來談話。

三個人坐定之後，我詢問五十嵐課長到底有什麼事這麼要緊，他說：「是這樣的，因爲長榮海運公司已決定要以非運費同盟的身份加入中東航線，所以，運費同盟這幾天爲了這件事開會討論，結論是派我以運盟的立場來與你商量，希望你不要執意開闢這條航線。」

原來，昭和海運也是中東航線運費同盟的會員船公司，當運盟得知長榮海運將以非運費同盟的身份加入這個市場時，立即召開會議討論，並決定派出和長榮海運關係較熟絡的昭和海運出面——特別是五十嵐課長，企圖勸我打消經營這條航線的念頭。

五十嵐課長表明立場之後，我並沒有馬上回答。

我啜了一口咖啡，然後反問他：「如果我執意要開這條航線，那會怎麼樣？」

他說：「如果長榮海運硬要加入這個市場，運盟將會調整船期，前後包抄長榮海運的貨源，譬如你的船期是十六日，運盟的船公司就會在十五及十七日密集派船來封殺你，同時運費降得很低，掌握住所有的貨主，讓長榮海運根本攬不到貨載，這樣會對你造成很大的損失。」

我想了一會兒，再請他以朋友的立場，告訴我到底是做好，還是不做好。

他說：「你自己要先做決定，我再將我個人的看法告訴你。」

我便以肯定的態度回答他：「我還是決定要做。不管運盟以什麼方法打擊我，我是不會輕易打退堂鼓的。」這時五十嵐課長才告訴我，站在朋友的立場，他也是贊成我踏出這一步。

其實，我心裏早就知道，這種遭人阻礙的事情，遲早都會發生，因爲運盟過去就有這個慣例了，他們會採取這樣的行動，已經不是第一次。以前看到很多船公司被運盟封殺掉，當時內心便暗自決定，日後一定要向運盟挑戰。

不過，五十嵐課長既然代表運盟的立場來說服我，我便把自己的想法與決定，正式透過他轉達給運盟。

我想得很清楚，如果我不堅定意志開闢第一條航線，那可能一輩子都沒有機會了。況且，定期航線一直都由運費同盟的勢力掌控，如果第一步不跨出去，不能承受運費同盟的打擊，那肯定是永遠無法發展定期航線的。

所以，我下定決心，無論如何艱苦，都要勇敢的面對挑戰，以實現自己多年來的理想。我當時的這個決定，正是開啓日後長榮海運發展的一個重要關鍵，也使得

一向爲外輪所把持的航線，首度有了台灣的船隻加入營運。

## 「長島輪」火燒船

一九六九年八月中，「長島輪」在日本交船之後，就開始裝貨回台灣，中東航線正式啓航。第一趟在日本實在攬收不到任何雜貨，更別說什麼高運費的貨載了，只有一批鋼材和水泥而已。

而且，這批貨還是丸紅商社水泥課的課長（烏海嚴先生，現任丸紅商社社長）特別安排讓我們承運的，純粹是捧場性質。

不幸的是，「長島輪」從日本回到台灣時，卻又突發意外事故！

一九六九年九月七日，「長島輪」泊靠在基隆港十八號碼頭，工作人員正在卸鐵圈（STEEL COIL）重貨時，船上兩個鍋爐其中的一個，突然燒了起來。

由於是舊船的關係，機艙人員當時無法從水位錶看清楚鍋爐裏面到底有沒有水，以便隨時補給，而不知道其實裏面早已沒有水，一直乾燒著。

鍋爐終於發熱過度，燒壞了其中一個鍋爐管，當陣陣煙霧瀰漫出來，大家才發現機艙內已經著火。

慌亂中，大家一方面想辦法搶救，另一方面趕緊通知消防隊來滅火，一時之間，機艙內被水噴得亂七八糟、慘不忍睹，我在場目睹慘狀，覺得眞是時運不濟！

尤其在基隆的貨都已經陸續裝上船了，發生這種狀況，貨主們十分著急，幸好貨艙內沒有被波及，貨物都完好無損，但是機艙的運作則受到影響；爲了保持對貨主承運的信用，在狀況控制穩定之後，我仍交代繼續裝卸交貨，船也暫時停靠在基隆港。

燒壞的鍋爐管必須花相當長的時間重新換管，暫時只剩下一個鍋爐可以使用。我們找了很多基隆的船廠，但都找

1969年9月7日長島輪在基隆港發生火燒船事件

不到適合的新管可換裝。

最後好不容易，才在高雄的一家工廠問到了這種管子，換裝的技術也夠，只是換管還需要用到很多修護的工具設備，所以他們無法派人專程到基隆修理，必須把船開到高雄才行。但是要把船開出港，得先獲得船級協會的認可批准。

當時這艘船的船級同時具備中國驗船中心（CR）和日本驗船協會（NK）發給的船級證書。由於中國驗船中心的證書在國際上並沒有受到認可，因此國輪除必須具備中國驗船中心的船級證書外，還應擁有其他國際認可的船級協會證書。

當時日本驗船協會在台灣並沒有派駐驗船師，是委託在台灣的美國驗船協會（ABS）代理；美國驗船協會派駐在台灣的美籍驗船師，名叫菲利浦。

菲利浦對長榮海運很刁難，不願批准讓我們開船。我們一再向他解釋，這實在是迫不得已的情況，船無法在基隆修理，一定要用一個鍋爐開到高雄才有辦法修復，而且，由基隆港到高雄港這麼短的距離，用一個鍋爐行駛是沒有問題的，但菲利浦就是不批准我們開船。

我心想，假如「長島輪」拿的是美國驗船協會的船級證書，也許他就會批准了，可惜這艘船拿的是日本驗船協會的船級證書，所以無論如何他都不願意通融。

其實這艘船是中華民國籍，中國驗船中心已經表示同意我們開船，政府單位如港務局也已批准；另外最重要的，就是徵詢保險公司的意見，我親自打電話給安田保險公司，安田表示，既然我們的政府單位都同意可以用一個鍋爐航行，他們也沒有任何異議。

偏偏就是這位日本驗船協會的代理驗船師菲利浦不同意，於是我又打電話給日本驗船協會總部，他們卻回答說：「如果當地的驗船師不同意，總部方面也不好命令他改變主意。」

我當時眞是心急如焚，再不開船，時間就會耽擱得更嚴重，因此，我經過考慮之後，仍下令開船。菲利浦即刻阻止我，我告訴他：「這是經過保險公司、中國驗船中心和港務局三方都同意的，與你無關，你也沒有權力阻止！」於是船便駛離了基隆港，當時已是九月下旬了。

隔日，船平安抵達高雄港，馬上進行換修的工作。工作人員日夜加班將鍋爐管全部換新，並且把船上的機器設備也一併徹底換修改善。

等到所有的檢修工作完成之後，經港務局檢查，證明這個鍋爐管是符合安全標準，可以永久使用的，船級協會中國驗船中心也同樣認可；但是，美國驗船協會的

驗船師菲利浦，還是只肯標上這是臨時性使用的鍋爐管。

由於船到高雄進廠修理停留了約四十天之久，這一耽誤，船期受到影響，貨主們都十分著急並且怨聲載道，但也只有儘量安撫，並詳細說明情形，讓他們了解。

其實當時我內心比誰都急，每天晚上都睡不著覺，一心只想把船趕快修好出航。

「長島輪」一修好後便馬上駛往中東。在平安返回遠東、船停靠在大阪港時，我特別請日本驗船協會的驗船師再檢視一下，這個新安裝的鍋爐管到底是臨時性的還是符合永久使用。

經過他們檢查確認，這個鍋爐管符合永久使用的標準；「長島輪」從此在航行中也很少發生事故。

但是我對美國驗船協會，從此留下不好的印象。那時長榮海運只是一家名不見經傳的小船公司，正處於慘澹經營的階段，而菲利浦在這個關鍵時刻故意對長榮百般刁難，讓我永遠印象深刻。

也就是從那時起，長榮的船隊一概不採用美國驗船協會的船級證書。一直到多年後，美國驗船協會其他的人獲知了這件往事，他們的董事長才親自來向我道歉，

希望能獲得我的諒解。

## 艱辛的第一步

中東航線初開闢時，我們一直沒有攬到好價位的雜貨運載，一來由於台灣和中東的貿易發展並不順暢，市場仍待開發；二來長榮海運才剛起步，還沒有奠定客戶的基礎。所以初期攬收到的貨載，都不是什麼高運價的物品，僅是一些水泥、鋼筋等鐵類製品，利潤微薄。

運費同盟也開始頻頻出招，密集調派船期、前後封殺長榮海運的貨源、大幅降低運費等等方式，一一陸續出擊，並向貨主施壓，威脅不得使用非運盟船公司的服務，其目的無非是要讓長榮海運沒有貨載，久而久之便自然吃不消而退出競爭。

但我的意志十分堅定，絕不輕言放棄，咬緊牙根也要堅持下去。我知道，運盟爲了整我們，自己也損失了密集安排的船期和運費，這些耗損的費用，必須由運盟的船公司自行分攤吸收，長久下來，對雙方都有殺傷力。

而我費盡心力好不容易才邁進到這個階段，如果半途而廢，那豈不前功盡棄！所以，儘管在苦撐的局面裏，我仍努力謀求突破，想辦法增加貨載。

我告訴公司的員工，大家一定要先凝聚共識和勇氣，才有辦法發揮出無窮的力量，一起來打破運盟的勢力，以提供更好的服務和合理的運費給貨主，相對的，貨主也才會肯定和支持我們。

這期間，我們積極地向中東地區的貨主推薦台灣的商品，幫助台灣貨主一起打進中東市場，以增加雙方的貿易機會。他們來台灣採購時，我們也會主動提供一些台灣廠商的名單和商品讓他們參考，像大同公司的電器用品等；一旦我們替這些廠商爭取到生意，他們的貨就會讓長榮海運運載。

藉由這個方法，我們的業務才一步步地拓展。猶記得那時公司員工大家團結一致、爲公司賣命打拚的精神，實在讓人沒有話說。當時公司的員工大約有四十人左右，大小事情都是由我親自指揮；我終日爲公司的業務和資金四處奔波，一心一意只想早日把公司扶植起來。

但公司僅有的幾艘船舶接二連三地發生事故，讓公司的營運，面臨了生死存亡的關頭。

# 第3部

# 驚濤駭浪

接二連三的船舶事故和創業初期的種種挫折，
常常令我求救無門，備嘗苦楚；
但我仍咬緊牙關全力衝刺，
盼望能在海運的領域裡開拓出一片天空！

# 一、存亡邊緣

## 禍不單行

一九六九年九月七日，「長島輪」的第一個航次，在基隆港發生火燒船事件，修理費用高達十萬美元，安田保險公司支付了六萬五千美元的理賠金，剩下的費用公司必須自行負擔。

「長島輪」停駛期間，公司也損失營運收入，另外還有船員薪資及其他一些間接費用等，算起來，光是「長島輪」火燒船事件，公司就損失了近二十五萬美元。

然而禍不單行，一個月之後，一九六九年十月初，「長邦輪」從日本航行前往美國途中，引擎突然發生問題，船隨即緊急開回日本修理。船停駛一個月，損失了租金收入及其他間接費用，再加上該年度船舶的定期檢查，把這艘船完全修理到好

爲止，總共損失約計十五萬美元。

再說「CENTRAL TRUST」在航行過美國—日本—印度—日本之後，船的狀況仍舊不佳，再度到基隆進塢大修。之後，於一九六九年四月，以論時租傭方式租給一家外國船公司——WORLDWIDE CARRIERS LTD.。這是一家猶太裔美籍人士所擁有的利比亞籍船公司，辦事處設在紐約。

「CENTRAL TRUST」租給WORLDWIDE公司之後，在遠東地區滿載了貨物，於一九六九年九月十二日在日本的橫濱加完油，便航向美國。途中經洛杉磯、巴拿馬、新倫敦（NEW LONDON，美國東北康乃迪克州東南部之港市），於一九六九

1969年10月，長邦輪在航行途中，引擎突然故障

年十一月十四日抵達紐約。

卸完貨之後，下一航次沒有載貨，船航行南下時，於十一月十七日夜晚，在諾福克港（NORFOLK）附近撞上一艘瑞典籍的貨櫃船。這下子非同小可，「CENTRAL TRUST」整個船頭都凹進去，還好沒有進水，不過船頭必須全部整修換新。

「CENTRAL TRUST」還可勉強自行航行，因此即把船開到賓州東部的伯利恆（BETHLEHEM）找船廠修理。但是造船廠根本沒聽過「長榮海運」這家公司，不敢隨意讓我們進塢檢修，他們要求一定要有保險公司背書保證，才肯修理「CENTRAL TRUST」。

光是「CENTRAL TRUST」的修理費用，就要二十幾萬美元。當時我也曾考慮是否要放棄這艘船，把它送去解體，但是評估的結果，還是將船修復營運較爲划算。

我們即刻連絡日本安田保險公司，請他們向造船廠保證支付「CENTRAL TRUST」的修理費用，造船廠才答應修理這艘船。自一九六九年十一月十八日開始，到一九七〇年一月十四日這二個月期間，都在當地進塢修船。

另一方面，對方船公司的索賠要求也來了，以當時的狀況來看，這次撞船事件，我們是要負大部份的責任。我們拜託安田保險公司，請他們緊急處理；安田立

即發電報給對方，保證經由雙方的保險公證人調查及協調後，安田會負責賠償一切損失。

當時安田保險公司負責這個案子的是一位常務取締役，他的名字我雖已記不起來，但在那個時候，他的確幫了我一個大忙，令我相當感激。

那時長榮海運加入安田的海事保險時間未久，就發生了這次不算小的撞船事故，要不是安田即時給予擔保，並支付鉅額的修理費用，讓「CENTRAL TRUST」能夠順利進塢修理，另外又理賠對方船公司的損失，這次的撞船事件將爲長榮海運帶來相當大的危機。

爲了這件事，我親自向這位安田的常務取締役致上深切的歉意，讓他們支付了這麼龐大的理賠費用，我的內心實在很過意不去。

但是他卻回答我說：「張董事長，您不要擔心，這就是『保險』的意義。保險的功能，就是爲了預防萬一，以便在發生事故時，獲得即時的援助，這本來就是保險公司應該爲客戶做的事，您不用跟我道歉，也不要再擔憂了。」

他的這些話讓我深受感動，也因此對安田保險公司留下了深刻的印象。雖然船舶在投保後發生事故，保險公司本來就有義務要負起賠償的責任，但並不見得每一

家保險公司，都會用這樣的態度來對待客戶。

所以安田的那位常務取締役，在「CENTRAL TRUST」出事當時，沒有推拖責任見死不救，反而還能對我講出這樣的一番話，讓我倍覺珍貴，且一直銘記在心，並始終與安田維持生意的往來。

## 丸紅緊急解圍

雖然「CENTRAL TRUST」以及對方船舶的修理費用，都由安田保險公司出面處理妥當，但是「CENTRAL TRUST」停駛了二個月的時間，公司沒有租金收入，再加上其他間接費用的損失，所以扣除安田保險公司理賠的部份不算，公司自己負擔的損失，共計約要十四萬美元。

在短短幾個月的時間裏，長島、長邦、CENTRAL TRUST三艘船，事故突然接二連三的發生，對於原本就處境艱困的公司，無疑是雪上加霜，更教人不曉得如何是好，可以說是到了呼天不應、叫地不靈的地步。

那時不但公司沒有租金和營運收入，保險費用也被提高，還有龐大的修理費用等種種開銷，都必須自行負擔，我們根本沒有足夠的資金來應付。公司眼前正面臨

著存亡的邊緣，如果不趕緊借得資金周轉，公司恐怕是無法再維持下去了！

那時我本想向彰化銀行先借五十萬台幣來應急，但是他們卻搬出一大堆的文件手續要我辦理，別人借貸只需要找二個保證人，卻要求我必須找到三個保證人才行，這分明就是要我知難而退。情況已經到了窮途末路，無論是想找朋友或銀行借貸資金，抑或邀別人入股，處處行不通。

我思前想後，只有硬著頭皮再向丸紅開口，把公司遭逢的事故和面臨的危機讓他們了解，並請求丸紅提供給長榮一筆貸款。我估算過，大約需要三十萬美元，公司才能勉強度過這一難關。

但是一口氣要向丸紅借這麼大一筆金額，自己也覺得很難開口，內心非常的掙扎。若不是眞的沒有其他辦法，我的個性一定會先把自己所有的財產和可行的辦法都用盡，才開口向別人求援。

我決定前往東京找丸紅商量。一早，我到了丸紅商社，就先向橋本動說明原委，由於他當時還是課員，便建議我一起向保坂部長及長澤副部長報告詳情。

記得我們四個人坐在一間會議室內，我用很沉重的口吻向他們說：「您們這麼熱心幫助我，對我很寬厚，讓我延期償還『CENTRAL TRUST』貸款的時間，又相繼幫

了我許多大忙，我實在很感激。有了您們給予我的支持，我也想好好的衝刺，但沒想到，卻又發生了這麼多不順利的事件，大概是我沒這個運吧！現在公司恐怕將無法生存了，不曉得您們是否願意再給予我協助，以讓長榮海運度過這個關卡？」

保坂部長問我：「你需要多少錢才能紓困呢？」我告訴他：「大概要三十萬美元（當時折合新台幣約一千二百萬元）才夠。」他又問我：「你預計要多久才能還清？」我回答他：「差不多要一年的時間。」

沒想到保坂部長和長澤副部長、橋本勳等人商量了以後，保坂部長還好意地替我的處境考量甚多，他說：「你現在借三十萬美元，也許足夠應一時之急，但是公司還需要營運資金；而且萬一日後公司又發生什麼困難，這三十萬美元已用完，加上前債又未還清，到時若要再來申貸款項，公司上方就會更加不容易批准了。」

保坂部長又對我說：「我幫你想想辦法，是否能夠一次湊足較大筆的款項，對你才有保障。這三十萬美元你是馬上就需要用到，如果我們現在往上呈報申議，作業時間至少也要二十天以上。但是你目前這麼緊急需要用到這筆錢，恐怕得另外想辦法才行……。」保坂部長的情義，此時真是教我深受感動！

長澤副部長接著說：「現在剛好有一筆百萬美元的款子撥下來，這是別家公司

申貸核准的款項，但目前對方尚未使用，我們可以把這筆錢先借給你應急。」

保坂部長建議我：「所以你不妨一次借足六十萬美元，對你較有保障，多借的三十萬美元即使沒有用到，也只是負擔利息而已，但是你可以較為安心的專注經營，不必為了資金的籌措，終日奔波操勞。」

他又說：「再者，你現在有急用，這筆錢正好可以馬上派上用場，要不然等到我們往上申議之後，經過種種程序到撥款下來，恐怕還得等一段時間才行。」

當時經過的情形，均已深刻的留存在我的心底，不管時間再久遠，我都不會忘記。

對於保坂部長在我最困難的時候，還能如此有心替我考量，並設想辦法讓我度過難關；以及長澤副部長和橋本動對我的幫忙協助，我對他們眞是發自內心的感激，且永遠銘記在心。

最後我和丸紅談定貸款六十萬美元，借貸的期限為五年；丸紅則分二次匯款給我，每一次為三十萬美元，他們答應會立刻把第一次的款項，匯到長榮的帳戶裏。

記得當時我人還在日本，三十萬美元便已經匯進台灣的戶頭。本來公司的員工尚不知我去找丸紅洽談的情形如何，正殷切地等待消息，當看到這筆錢如此快速匯入帳

戶，大家的士氣都爲之振作起來。

當天晚上，保坂部長特別請我去喝酒，我因爲還在爲貸款的事情煩惱，臉色顯得很憂愁，他於是拍拍我的肩膀說：「別擔心！別擔心！我們會徹底支持你。」

第二天一早，我搭機返台，一回到公司，便聽到會計說：「錢已經到了。」我才鬆了一口氣，一掃幾個月以來的陰霾。

如此龐大上千萬的金額，丸紅一言九鼎，並以極爲迅速的速度，一下子就匯過來，丸紅的效率和守信用，不禁使我更加佩服。這個情景，也使我深深感慨，我原先要向本地銀行借個新台幣五十萬元，就被要求找三個保證人之類繁複的手續、條件，還遲遲借不到錢，兩者的待遇簡直是天壤之別。

我向丸紅借得六十萬美元之後，員工的薪水也就可以準時發放，公司其他開銷也都能夠支付，一切的營運就可以動彈了。

公司歷經這次的重生，大家在業務上更是卯足全力，積極爭取中東市場的貨載。此外，我們又透過丸紅的介紹，於一九七〇年陸續購入兩艘舊雜貨船——「長照輪」（EVER LIGHT）和「長春輪」（EVER SPRING），一起加入中東航線的營運；另外也買入一艘中古散裝船「長洋輪」（EVER OCEAN），以論時租傭的方式租給昭和海

運攬貨承載。

經過大家鍥而不捨的努力，我們提供的中東定期航線服務，在台灣的攬貨情形漸有起色，不僅貨載量增加，貨品的種類也多以雜貨爲主，運價便高了起來。接下來在日本、新加坡和東南亞等其他地區，都開始有不錯的成績。

半年過後，我就先償還給丸紅三十萬美元；後來又將「長邦輪」賣掉，也把另外三十萬美元的貸款還清了。

本來要借五年的貸款，卻不到一年的時間就完全清償，長榮的信用，也從這個時候開始建立了起來。

## 歷盡波折的「CENTRAL TRUST」

先前當大家正全力衝刺業務的時候，不料又有新的狀況發生，使得公司屢屢在險象中求生存。

「CENTRAL TRUST」在美國伯利恆的船塢修理了兩個月，出塢之後又開始航行。從美國的休士頓（HOUSTON），經阿瑟港（PORT ARTHUR，德州東南部之港灣都市）、維拉克路茲（VERACRUZ，墨西哥東南維拉克路茲州中部港灣）、紐奧良（NEW

ORLEANS，美國南部路易斯安那州大港）、諾福克，於一九七〇年三月二十一日抵達加拿大新斯科細亞（NOVA SCOTIA）的第格比港（DIGBY）。

「CENTRAL TRUST」在第格比港滿載了紙漿木（PULPWOOD）之後，向我們論時租傭的船公司WORLDWIDE CARRIERS LTD.，才指示這艘船下一站要開到南斯拉夫。

「CENTRAL TRUST」雖爲巴拿馬船籍，但所有船員都是台灣人，中華民國政府在船舶的租約條款中，特別有規定租方不得將船舶灣靠共產國家或共產附庸國家。雙方在契約上，也書明清楚這艘船不得前往共產國家，而南斯拉夫屬於社會主義國家，在台灣的認定上就是共產國家。

船長接到WORLDWIDE公司的指示後，相當錯愕震驚，並火速地與公司連絡，報告此一狀況。

此事非同小可，尤其當時台灣處在戒嚴時期，如果被發現船員擅自前往共產國家，後果將不堪設想。因此，公司立即指示「CENTRAL TRUST」船長不得前往南斯拉夫，船停止出港。

爲此WORLDWIDE公司向我們要求二十五萬美元的賠償，但我認爲錯不在我方，雙方於是開始進行法律訴訟，「CENTRAL TRUST」也因而被法院扣留在第格比港。

我派遣總經理邱垂村前往美國和加拿大處理這樁官司，臨行之前，他特別問我說：「董事長，這場官司若打輸了怎麼辦？」我看出他心裏的遲疑，便告訴他說：「如果敗訴，頂多就把『CENTRAL TRUST』這艘船賠給對方，沒關係，你儘管去，一切有我負責。」

聽了我的一番話，邱垂村回答我說：「董事長，您如果已經有此決心，我一定全力以赴！」有了我的支持和授權，邱垂村立即出發前往美國。我內心已經做了最壞的打算，如果官司輸了，我就必須放棄這艘船。

除了之前已繳付的船款之外，這艘船還向丸紅貸款了幾十萬美元，如果眞到那個地步，我想，頂多就是再揹負這艘船的貸款債務罷了。我不能再有絲毫猶豫，否則邱垂村是不會有足夠的勇氣前往處理這場官司的。

爲了證明「CENTRAL TRUST」不得停靠共產國家，邱垂村帶著由中華民國政府外交部以及香港的巴拿馬領事館所發出的證明文件，直接飛往紐約，向WORLDWIDE公司說明我們的立場，但是對方仍然無法接受。

WORLDWIDE公司表示，所謂「共產」是一個抽象名詞，其判定是否爲共產主義國家的觀點，與我方船公司不同。他們認爲由以下幾點原因，就可判定南斯拉夫是一

社會主義聯邦共和國：

1.未加入東歐共產集團的華沙公約組織。

2.美國的救援物資不援助共產國家，但南斯拉夫卻有接受援助。

3.西方自由民主國家人民可自由出入該國，並有貿易通商。

因此WORLDWIDE公司主張南斯拉夫不是共產國家，堅持不肯讓步。

我們在沒有選擇的餘地下，聘請了紐約一位熟悉海事法的律師MR. BYRON K. KALLAN，他和邱垂村二人先飛往尼加拉瓜的馬拿瓜（MANAGUA），以申請到加拿大的簽證，之後再飛到加拿大，向哈利法克斯（HALIFAX）的海事法庭反控告WORLDWIDE公司，要求其賠償四十萬美元。

雙方的爭議點在於南斯拉夫國體的界定，爲此，哈利法克斯海事法庭開了數次的公聽會，此間，也曾請哈利法克斯大學的憲法學者和法律專門教授出席備詢，就南斯拉夫的政府組織、社會結構、選舉制度、政黨政治（僅共產黨一黨）、人民的權利義務等各方面加以分析說明；巴拿馬政府也派請律師出面，他們都認定南斯拉夫確爲一共產國家。

這場官司足足耗了三個多月之久，這期間邱垂村分別以原告及被告二方的身份，多次代表出庭，在法庭上應訊對質。記得在加拿大訴訟的期間，「CENTRAL TRUST」停泊在新斯科細亞的小港口第格比，狀況十分的淒慘。

船的油耗盡了，電力也停了，船員們也無法做什麼事情，只能在那裏乾等著，動彈不得。當時的處境，宛如乞丐一般，實在很可憐。

港口附近的居民目睹這種情形，十分的同情，就主動提供物資及伙食給船員們，並關照船員的生活，這種雪中送炭的溫情，實在令人倍感溫馨；而當地居民對待不同國籍的人，也能發揮其愛心，讓人十分的感動。

最後，這場官司法院終於判定我們勝訴，並裁定對方應賠償我們二十二萬美元。然而，WORLDWIDE公司立即就宣布倒閉，讓我們無法拿到賠償的錢。

當時WORLDWIDE公司在紐約的事務所，只剩下數名職員與辦公桌，沒有可供扣留的東西，負責人早已逃之夭夭。

總計「CENTRAL TRUST」爲了這場官司，在加拿大港口共停滯了一一五天，將近四個月之久，爲了這一艘船，公司耗費的龐大人力、精神及成本，實在相當驚人。

官司最後雖然打贏，但是我們卻連一毛錢的賠償費用也拿不到；接下來還有更

嚴重的問題，就是貨物都早已裝上「CENTRAL TRUST」，WORLDWIDE公司的提單也發出給貨主了，甚至連運費，WORLDWIDE公司早已向貨主收取了三分之二。

在這場官司結束之後，「CENTRAL TRUST」已可自由的駛離該港口，原本我們要把該批貨物卸下來，但是此時持有WORLDWIDE公司發給提單的貨主——南斯拉夫國營公司卻出現，要求我們本著運輸業的責任，完成運送的義務。

由於WORLDWIDE公司已宣布倒閉，而我方又是「CENTRAL TRUST」的船東，因此，在這錯縱複雜的時刻，若我們不幫忙完成運送，恐怕又要再度面臨官司訴訟。

鑑於我方和貨主雙方都是無辜的被害者，如果在法院打官司，不僅曠日廢時，在金錢上也會有所損失；而且我們對這場官司，亦沒有絕對勝訴的把握，因此，基於種種考量，最後雙方當事者彼此妥協，達成以下協議：

1. 未付的三分之一運費直接支付給長榮海運。
2. 將該船的貨物運至與南斯拉夫接壤的義大利的港（TRIESTE，當時與中華民國有外交關係），再由貨主自行處理。

所以，我們不得已只好再購買油料把船加滿，「CENTRAL TRUST」即於一九七〇

年七月十四日，駛離加拿大新斯科細亞的第格比港，開往南斯拉夫和義大利邊界的的港（此地屬義大利領土），但問題卻還沒結束。

沒想到船隻在的港卸貨期間（一九七〇年七月二十八日至八月五日），WORLDWIDE公司的負責人突然聞風而至，自紐約飛到的港。他認爲依義大利的法律，或許會有不同於加拿大的判決，所以他抓住這個機會，要求我們賠償他十萬美元，否則WORLDWIDE公司將要向義大利法院申請告訴。

我們拒絕了對方的要求，對方就向的港法院正式提出告訴，「CENTRAL TRUST」因而再度被當地法院扣押（一九七〇年八月五日），不得出港。

這突發狀況，使得該輪在的港的卸貨又節外生枝。台北公司方面，緊急將哈利法克斯海事法庭的判決書，寄給我們在的港的律師，他花了一星期的時間，將它翻譯成義大利文，然後再出示給的港法院審查。

根據我方所提供的各項證明，法院最後判定爲「被告罪狀不成立」，因此「CENTRAL TRUST」得以解除扣押。

這場訴訟自「CENTRAL TRUST」被扣船，直到八月三十一日才宣判我方無罪，前後又耽誤了將近一個月的時間，實在是屋漏偏逢連夜雨。

之後，「CENTRAL TRUST」在法國的塞特港（SETE PORT）進塢（八月三十一日至九月十日），隨即於九月十三日經過直布羅陀海峽（STRAIT OF GIBRALTAR），十月十四日至十九日在印度的達曼（DAMAN）裝載肥料，然後運到孟買（BOMBAY）卸下後，再航行至印度的果亞（GOA）裝載礦石，最後於一九七〇年十二月四日運抵高雄。

長榮海運第一艘船「CENTRAL TRUST」就歷經了這麼多事情，對於公司當時已是惡劣的環境，每每憑添諸多危機。雖然現在回首來時路談似輕鬆容易，但是個中滋味點滴都在心頭，也讓我對於海運經營，更經過一番徹底的洗禮。

回想起來，長榮自一九六八年草創，到一九七〇年間，可說是飽受內外煎熬，幾次瀕臨存亡的關卡。

一來公司的財務狀況非常緊絀，在那段期間，我無時不在爲資金奔波，可說是幾乎天天要向銀行磕頭拜託才行；此外，在毫無市場基礎的情況下，我們毅然開闢了第一條遠洋定期航線，在艱苦困頓中謀求發展，同時還要面對運費同盟的阻撓。

當時我們因資金窘困，無力購買新船，然而所購進的舊船又接二連三的發生事故，像「長島輪」、「長邦輪」及「CENTRAL TRUST」這三椿最大的船舶事故，即連

續在三個月間接踵而來。

那個時候，整個人每天在極度的壓力、操心和奔波之下，人一下子消瘦得很厲害，夜裏腦中總還是馬不停蹄地思考運轉，掛念著公司的繁雜事情。遇到這麼多挫折，而又常常求助無門，有時眞是悲從中來，只是「男兒有淚不輕彈」，這份煎熬放在心中，令我備嘗苦楚。

如果我當時不夠堅強，恐怕就無法招架得住了。但是，我始終如一的信念，便是一定要咬緊牙關度過考驗，以期在海運的領域裏，開拓出一片天地。

# 二、遠征中南美

## 開始購入柴油引擎船

長榮海運初期派遣行駛中東航線的三艘雜貨船——「長島輪」、「長照輪」和「長春輪」，都是渦輪引擎（STEAM TURBINE ENGINE）舊船。然而，這種引擎較爲耗油，公司現有的舊船續航力也無法負荷較長的航程，加上當時海運界的趨勢，已逐漸採用柴油引擎（DIESEL ENGINE）船，因此，考慮公司未來的發展時，我決定此後都採用性能較好的柴油引擎船，以提高市場競爭力。

中東定期航線經過幾年的努力經營，貨載一直維持穩定的成長，獲利情形也漸入佳境。一九七一年，公司即購進二艘性能較好的柴油引擎舊船——「長富輪」（EVER FORTUNE）和「長久輪」（EVER LASTING），加入中東定期航線的營運。

長榮海運初期行駛中東航線的渦輪引擎舊船——長照輪

為提高市場競爭力，1971年購入性能較好的柴油引擎舊船——長富輪

另一方面，我也積極構想再開發其他航線，擴展公司的營運規模。但是長榮當時擁有的船隻都是舊船，還沒有能力和別人競爭熱門的航線，經過一番深思熟慮，我決定把下一個發展的目標，鎖定中南美市場。

那時，台灣還沒有直接行駛中南美洲（加勒比海地區）定期航線的船公司，進出口貨物均須在日本轉船，造成貨物在接駁轉運的過程中，常有損壞的情形；另外，航行途中船又灣靠美國、加拿大各港口以增加貨載，使得航行時間增長，船期也難以掌握。

再加上這條航線一向都被運費同盟——尤其是日本船公司所壟斷，運費相當高昂，因此加重台灣貨主的運輸成本，我國在中南美地區的貿易競爭力也相對削弱。

因此，對於長榮海運計劃以獨立營運的方式開闢中南美定期航線，貨主的反應都是持歡迎的態度；但另一方面，也擔心長榮是否能維持定期航行。因爲貨主若使用盟外船公司的服務，以後想再回頭向運盟船公司拿到艙位，就會受到運盟的刁難和抵制。

當時長榮海運經過中東航線的表現，已經有基礎的貨源和信譽，尤其在排除初

期種種的困難之後，韌性和實力更加堅強，公司上下都準備卯足全力，投入第二條定期航線的經營。運盟對我們更不敢掉以輕心，早已開始展開行動，阻撓長榮進入中南美市場。

為了免除貨主的疑慮，爭取他們繼續支持長榮，我們也加強向貨主宣導保證定期航行，而且長榮海運提供的直航服務和低廉的運費，對於貨主拓展中南美地區的業務有絕對正面的助益。

由於公司剛好排上政府的國輪優惠造船計劃，得以申貸建造一艘新雜貨船，公司即於一九七一年九月，向日本林兼造船廠訂造一艘一五、〇〇〇噸級的新船「長安輪」（EVER SAFETY），準備派遣這艘新船擔任首航中南美洲定期航線的任務。此外，我亦計劃再陸續添購柴油引擎舊船，以四艘雜貨船行駛這條航線。

## 第一艘新船「長安輪」首航

一九七二年年初「長安輪」竣工交船後，由日本航行至台灣裝貨。二月十三日首次泊靠基隆港時，我們在基隆客船碼頭舉行酒會，並開放來賓參觀新船，之後便航向中南美洲。

中南美洲加勒比海地區多是一個小島一個國家，初期我們灣靠的港口計有巴拿馬的克里斯多弗（CRISTOBAL）、荷屬安地列斯的古拉索（CURACAO）、委內瑞拉的拉奎拉（LA GUAIRA）、千里達的西班牙港（PORT OF SPAIN）、波多黎各的聖胡安（SAN JUAN）、多明尼加的聖多明哥（SANTO DOMINGO），以及牙買加的京士頓（KINGSTON）等地，也兼收轉運到中南美其他港口的貨載。

營運初期爲了確保艙位的充分運用，去程我們在台灣、香港、日本、韓國等地攬收各類雜貨，回程則加收磷礦、肥料等貨物。由於長榮海運是台灣第一家行駛中南美洲定期航線的船公

長安輪竣工交船後，即擔任首航中南美航線任務

司，打破以往外輪壟斷的局面，因此很快地，這條航線就受到台灣地區貨主的認同。

爲了強化在中南美地區的攬貨能力，我自己也率領當時的副總經理葉福星和代理行的主管，一起到中南美洲各國做深入的考察，包括巴拿馬（PANAMA）、多明尼加（DOMINICAN REP.）、波多黎各（PUERTO RICO）、牙買加（JAMAICA）、荷屬安地列斯（NETHERLANDS ANTILLES）、委內瑞拉（VENEZUELA）等地，所到之處我們都一一拜訪當地重要的貨主。

記得在巴拿馬的箇朗（COLON），我們約見了一位猶太裔貨主，名叫ABRAHM KARDONSKI。他進出口的貨物以電器製品爲主，多半是從日本、台灣地區進口半成品，運到巴拿馬的箇朗自由貿易區（COLON FREE ZONE）組裝。我們向他推薦長榮海運的定期航線服務，尤其是中南美航線，因爲灣靠的港口十分符合他的需求。

那回我偕同副總經理葉福星和他約在飯店見面，雙方商談到深夜一點多，但是運費一直談不攏，最後他故意試探我說：「另一家船公司提供給我較便宜的價錢，如果你們的運費沒有辦法再降低的話，那我就決定採用那家船公司了。」

我聽了之後，心中雖不免失望，但仍很誠懇地告訴他：「如果你的運費預算必

張榮發赴中南美洲拜訪貨主，與ABRAHM　KARDONSKI（右三）合影

1973年張榮發赴中南美洲考察市場狀況及代理行業務

須控制在這個範圍之內，你才有利潤可賺的話，那你就去裝別家公司的船，沒有關係，因爲你要求的運費，對我來說一定會虧本，我實在無法答應。」

我進一步向他強調，做生意本來就是雙方都要有利潤才做得長久，我不會只顧自己的利益，勉強別人虧錢和我做生意；但是我可以向他保證長榮的運送品質，對於其貨品的運送安排有絕大的便利性。

聽了我的一番話，他終於鬆口說：「那台灣這部份的貨就交給長榮承運。」但我向他建議，如果他的運費成本允許的話，最好全部的貨均使用長榮海運的船，因爲對貨主而言，採用一家船公司的一貫服務，既方便又可拿到較好的價格，船期也較能掌握。

後來雙方繼續談了很久，他終於認同了我的說法，決定將全部的貨交給長榮海運運送。這位貨主一直到今天，都和長榮海運維持著相當良好的業務關係與交情。

長榮能夠發展到今天，貨主的支持是重要的原因之一，大家不僅在事業上是好夥伴，有很多客戶和我們甚至後來都變成了好朋友。

## 中東、中南美線奠定發展基礎

這條航線的貨載日益成長，後來幾乎每班船都滿載，攬到的貨品也多是較高運價的雜貨。公司所經營的兩條定期航線，營運情形漸趨穩定，那時的運費水準和現在比起來可說是很高，載一噸貨大約是六、七十美元，航行一趟下來，可獲得不錯的利潤。

船隻航行的狀況也漸漸平順，雖然公司初期經營時，所買進來的舊船性能較不好，航行中常出狀況，但是船隊經過整頓後，以往難以掌控的情況就很少發生，公司的營運自此更較以往上軌道了。

當年海運的經營環境和現在大不相同，各條定期航線都由世界各大船公司組成的運費同盟所把持，船公司若要單槍匹馬，以獨立營運的身份進入任何一個市場，是非常不容易的。所以，長榮海運率先開闢中東、中南美航線的成功與否，對長榮往後的發展影響至大。雖然初期飽受挫折，但是長榮海運不僅沒有被運盟擊退，還為公司日後的發展奠定了相當紮實的基礎。

## 和裴公存藩的一段交情

長榮海運得以建造第一艘新船「長安輪」，擔任首航中南美的任務，必須追溯到

我和已故的立法委員裴存藩之間的一段往事。

早期政府爲了擴大國輪船隊的規模，曾制定幾期的造船計劃，預先擬定擴建國輪的數量和船舶種類，由政府提供優惠的貸款利率，對外公布後，讓國內的船公司申請建造。

由於當時交通部的官員以外省人爲主，所以這些造船機會，都優先排給外省人的船公司，或是有特別關係的人，台灣人很難排得上這些優惠計劃。

交通部的做法，是讓那些有特殊關係的船公司，把計劃造船的數量、船舶種類等預先敲定後，私下通報交通部，然後交通部就按照他們的需求公布當期的造船計劃。

那些沒有特殊關係、沒有勢力的人，根本別想排上造船計劃，所以，長榮海運一直與優惠造船計劃無緣。

有一次，我和朋友一起吃飯，當時的立法委員裴存藩剛好也在場，透過朋友的介紹彼此便認識了。

裴公早期在大陸任職昆明市長，來台後擔任立法院交通委員的職務；吃飯席間，他得知我從事海運事業，便很關心的問我，經營海運事業是否有什麼困難，他

可以幫忙的。

當時，我也沒做他想，只是隨口向他吐露：「當然有！長榮海運一直想要建造一些新船，但是，就是無法排得上政府的造船優惠計劃。」他聽了之後，便表示可以試試看是否幫得上忙，過些時候他會另外找時間和我詳談，了解一下細節。

其實，當時這一席話，我並沒有放在心上，也不存有任何希望，只因爲裴公主動詢問，我才不經意地向他提及。沒想到隔了幾天，他果眞主動來找我，我便詳細地告訴他有關建造新船的構想。

裴公聽了以後，便很有誠意地告訴我：「你不要擔心，我會設法爲你解決這件事情。」

原來，裴公在大陸任職昆明市長期間，和當時國民黨秘書長張群自大陸撤退來台時，有過一段共患難的因緣；而張群的兒子張繼正那時是交通部的部長。

裴公聽我敘述有關船隊的規劃和經營的困難點之後，就直接去找張繼正談。張繼正答應幫忙。沒多久，長榮海運便獲准以國輪優惠貸款條件建造「長安輪」。

當初我也沒有料想到，身爲立法院交通委員的裴公，竟是如此關心民營船公司的經營，他可以說是一位助我的貴人吧。在那之前我和他素昧平生，只因那一次見

長榮獲准以國輪優惠貸款建造「長安輪」

裴公夫婦（前排右二、右三）受邀出席「長安輪」下水典禮

面的機緣，他就幫了我這個大忙；猶記得當時長榮海運獲准建造新船，還曾引起其他船公司的眼紅及臆測。

這件事情依當時的社會習俗來看，理應是要送禮酬謝，因此，我也沒有免俗地準備答謝裴公的幫忙，沒想到他卻分文不取。在台灣當時的社會環境裏，很難找到像這樣的人，裴公的清廉讓我更加由衷地敬佩。

「長安輪」在日本舉行下水典禮時，我特別邀請裴公和他的夫人一起到日本出席盛會，因爲這艘船是由他促成建造，他的光臨具有特殊的意義。在他晚年退休之後，我特別把他安排在長榮海運當顧問，一直到他辭世爲止。

## 權宜船籍

早期台灣處於戒嚴時期，政府的法令約束甚多，外匯管制十分嚴格，對於船公司的經營處處顯得綁手綁腳，因此，長榮海運的起步，乃先藉由在國外地區謀求發展，待奠立好基礎，才逐漸回到國內來經營。

以船舶登記來說，長榮海運自剛開始經營，大部份的船舶都登記爲巴拿馬籍，這並非我和巴拿馬有特殊的淵源，而是因爲我經營的是海運事業，而巴拿馬是接受

長榮船舶穿越巴拿馬運河之空照

權宜船登記的國家。

所謂權宜船籍（FLAG OF CONVENIENCE），是指航商將船舶向他國登記入籍，其優點是只要繳納少許登記費和常年噸位稅外，不需要再繳其他營業稅捐，僱用船員的標準也不受限制，船公司營運成本因此大爲降低；再者，在經營上也較不會受到國家法律和政府太多的干預和限制。

如日本、美國等國家的船公司採用權宜船籍的目的，大多是爲了降低船員費用及基於稅金等方面的考量；而接受權宜船登記的國家如賴比瑞亞、巴拿馬等國，也藉登記費來增加該國的財政收入。

早期台灣的經濟尚未發達，國際地位亦未被認可，外國銀行認爲貸款給中華民國的船公司無法獲得保障，因此，當時凡掛中華民國國旗的船隻，要向國外的金融機構貸款相當不易；而國內銀行的作風保守，對於民間業者的申貸條件嚴苛、手續繁複，無法解決業者的需求；因此，長榮海運的船舶才大部份採用權宜船籍，以謀求公司的發展。

長榮海運在巴拿馬登記權宜船籍，也爲巴拿馬帶來不少的稅收，自長榮開始發展至今，與巴拿馬政府已建立數十年的交情，巴國政府對長榮集團在當地的投資，

促進了當地的經貿繁榮，亦是極表重視和歡迎。

# 第4部

## 貨櫃革命

船舶運輸全面的脫胎換骨，
長榮海運掌握了最佳時機。
然而又有誰知道，
在成功的背後需要多大的堅持與勇氣！

# 一、洞燭機先

## 長榮船隊的演進

在一九七一年以前，長榮海運的船隻都是渦輪引擎的舊船，有「CENTRAL TRUST」、「長隆輪」、「長島輪」、「長邦輪」（一九七〇年售出）、「長照輪」、「長洋輪」和「長春輪」，這些算是長榮海運第一代的舊船。

一九七一年七月和九月，分別購入「長富輪」和「長久輪」，該系列船隻爲使用柴油引擎的舊船，也是長榮船隊採用柴油引擎船舶的開始。之後於一九七二到一九七三年間陸續購入「長運輪」（EVER LUCKY）、「長貴輪」（EVER NOBILITY）、「長泰輪」（EVER WELFARE）、「長美輪」（EVER BEAUTY）和「長輝輪」（EVER BRIGHT）等雜貨船，這些算是長榮第二代的舊船。

一般而言，舊船的狀況較多，平常維修保養的次數頻繁，費用和耗損的資源也相當驚人，更不易掌握其效率。所謂工欲善其事，必先利其器，一項規劃完善的服務，也必須有良好的硬體設備配合，才能發揮出它的功能。

在長榮剛起步時，每每當我們準備全力衝刺的時候，船隻就會突發一些狀況，之前的周密計劃便功虧一簣。所以，以長期經營的眼光來說，建造新船是絕對必要的。

雖有這樣的構想，但由於當時長榮海運的資金並不充裕，且我們和丸紅的關係也還沒有到達可貸款建造新船的信用程度；而政府的造船計劃，我們又無法排得上，因此，航線的經營和拓展一直陷於困頓的局面，無法開展。

政府的造船優惠計劃實施了好幾期，而我們只申請到建造一艘雜貨船而已；長榮海運第一艘新建雜貨船「長安輪」，係於一九七二年一月三十一日竣工交船，其後，隨著公司逐漸累積的實力，長榮海運開始進入自己建造新船的階段，第一代的渦輪引擎舊船，也就陸續淘汰掉。

爲了配合定期航線使用，我原本打算繼續建造五艘P型雜貨船，但在一九七二年九月簽約訂造「長鋒輪」（EVER PIONEER）及「長立輪」（EVER PROMOTER）後，我

就覺得情勢不對。因爲當時我意識到「貨櫃化」（CONTAINERIZATION）即將成爲世界海運發展的趨勢，以雜貨船二十年的使用期限來看，若持續建造新雜貨船，將來勢必會跟不上世界其他船公司的發展速度，所以必須趕快換成貨櫃船。

## 運輸型態的脫胎換骨

從雜貨船演進到全貨櫃輪，可說是船舶運輸全面脫胎換骨的革新，我掌握此一最佳時機，對公司往後的發展產生了關鍵性的影響。

早期的航海生涯，我就開始閱讀最新的海運專業書籍，尤其大量涉獵貨櫃運輸方面的資訊，並不斷地注意它的發展動態，對貨櫃化的趨勢也早已成竹在胸。

第二次世界大戰以後，世界各國工商業急遽發展，而且往來更是頻繁，大批原料的供應與產品銷售，形成運輸工具的需求量大增，其中尤以海運爲最，進而造成了船舶朝向專業化與大型化發展。

雖然物流的頻繁與數量的大幅增加，促進了船舶噸位的急速發展，但當時世界各國大部份港口的碼頭設施，仍無法趕上配合大量增加船舶靠港裝卸的需求，以致到處出現碼頭擁擠的現象。

另一方面，貨主對於貨物在運輸途中保持完整的要求日益強烈，尤其是高級貴重物品，更是唯恐遭盜竊短損。一般定期船貨物平均有百分之五到十，甚至百分之三十的毀損率，即使用保險來處理賠償，也是一筆不小的負擔；因此，運送方式簡便又安全的「貨櫃船」（CONTAINER SHIP）乃應運而生。

但初期在國際間貨櫃運輸的觀念尚未成熟，配合的相關環節、碼頭設施也不完備，使得很多船公司都對貨櫃化採取保守觀望的態度。我經過長期的觀察，早已預期到高效率的貨櫃運輸，必將造成海運業革命性的改變，將來各國一定會全面發展貨櫃專用碼頭和周邊的相關設施。

在我發展定期航線的同時，亦密切注意世界先進國家海運業界對於「貨櫃化」的腳步。隨著貨櫃運輸設備的演進，任何貨物，包括不同型式包裝的雜貨、機械、鋼鐵製品、鮮貨，甚至流質貨物、氣體、散裝物資等等，均有各種類型的貨櫃可以容納裝運；且無論下雨天或晴天，都可以全天候作業。

貨櫃化運輸不僅簡化貨物包裝及搬運程序，縮短運輸時間，貨物幾可達到百分之百的完整無缺率，此外更可提供託運人至受貨人——「戶至戶」（DOOR TO DOOR）的一貫服務。

以各種趨勢發展來看，我強烈感受到「貨櫃化」已開始受到國際海運界重視，可以預計未來世界物流日益增加，大部份都將由「貨櫃船」肩負輸運的任務，漸而取代以往以雜貨船行駛的定期航線。

當時台灣業界對於「貨櫃化」的態度仍猶豫不決；一般認為，台灣出口貨物大部份是勞力密集的低價產品，而一艘貨櫃船的造價要數千萬美元，開闢一條新航線，至少需要四艘貨櫃船營運，每艘還需配置約數千萬美元的貨櫃、車架等相關設備，比起三、四百萬美元就可建造的雜貨船，成本高出太多。

但觀之我國經濟成長率和進出口貿易額逐年大幅提高，未來對於海上運輸的需求將更形殷切，此時公司若仍故步自封，不趕快配合市場趨勢發展貨櫃船隊，將來勢必會被淘汰出局。

時機的掌握是決定將來能否成功的關鍵，慢一步就會落後他人甚遠，若等到別家公司已經開始部署計劃，我們才要起步的話，那就永遠趕不上了，因此，我毅然決定將公司船舶朝貨櫃化邁進。

## 贏得丸紅支持

為了全面發展貨櫃化，首先我即到日本找丸紅商談，希望獲取丸紅的認同和支持。

儘管當時長榮海運已經稍具規模，已有銀行、商社前來爭取貸款業務，但鑑於和丸紅已有長時間的配合和默契，且丸紅對長榮海運的發展和體制有相當程度的了解，因此公司發展貨櫃化的貸款資金，仍優先徵詢丸紅的意願，除非在徵得丸紅的諒解下，才將部份貸款給其他的金融單位承辦。

我向經辦人員說明，原先預定向丸紅貸款建造的五艘P型雜貨船，如今只要建造兩艘就好了，剩下的三艘放棄。他們問我為什麼不造了，我回答說：「我要改做貨櫃船。」

他們聽了嚇一大跳，並笑著說：「經營貨櫃船不是那麼簡單的事！在日本，我們都還要六大船公司（MOSK、NYK、K LINE、SHOWA LINE、JAPAN LINE、YS LINE）共同經營，你一下子就想要自己做，你頭腦到底清不清楚？」

我告訴他們，我是很認眞的，這個時機尤其重要，貨櫃化運輸時代即將到來，如果不及時把握，恐怕將來會因失掉這個機會而後悔莫及，所以我一定要搶先去做。

聽完我的想法後，他們就趕緊向保坂部長及長澤副部長報告。保坂部長獲知後也深表驚訝，他對我說：「你是不是在講空話？」

等到他們聚精會神、仔細地聽完我的詳細規劃後，終於也接受了我的看法。

我把自己對世界海運發展所做的長期觀察，向他們分析說明。貨櫃化是我很早就有的想法，但公司成立初期，我沒有足夠的資金可以做，等到公司上軌道、財務也穩定時，才有能力進行貨櫃化的計劃。

當時貨櫃船在業界已經起步了約五年的時間，如果我再不採取行動進行，往後想要爭取到貨主的支持，恐怕就不容易了，更別說要和別家船公司競爭；我當時很肯定，若錯過這個時機，將來再也不會有這個機會了。

我的案子接著被呈到常務取締役福本先生處，起初他也是很訝異，但後來覺得我所提的計劃頗有見地。爲了愼重起見，福本先生又去詢問運輸保險部的意見。

當時運輸保險部門的佐藤先生和須田先生兩人，是負責定期航線的運輸業務，所有丸紅需要託運的貨物，都由他們安排交給船公司運送。那段時期，長榮海運都沒有攬到丸紅的貨載，主要原因是船舶部保坂部長和運輸保險部部長兩人感情不睦，所以後者不願意支持船舶部的客戶。

當時福本先生便找運輸保險部的佐藤先生，商談有關長榮海運要發展貨櫃化的事。

由於運輸保險部對海運經營原本就較不專精，佐藤先生聽聞長榮貨櫃化的決定，便用瞧不起的語氣說：「長榮算什麼公司，要跟人家發展貨櫃船，世界上的大船公司和日本船公司都是如何如何經營和發展……，長榮只是一家名不見經傳的小公司，做什麼貨櫃船！」

聽了這段話，一時之間，福本先生也無法再表示什麼意見，他於是請我和佐藤先生當面商談。

記得當時的氣氛很火爆，我和佐藤先生說著說著，兩個人當場就翻臉吵了起來，佐藤先生激烈地反對，還用了一些不堪入耳的字眼，指著我說：「你沒有本事做到啦！」

我不客氣地回他：「你是海運的外行，將來海運會如何發展，你知道個什麼！」

接著，我語氣堅定地告訴他們：「如果你們要幫我的忙，就幫忙，如果不幫忙，那就算了！但是將來海運的趨勢，勢必會以貨櫃船爲主流，我現在不做的話，一切就太遲了！」

佐藤先生始終認爲，長榮只是一家小小的船公司，不可能有能力發展貨櫃化，只有大規模的航運公司才做得起來。

當時雙方始終無法達成共識，最後福本先生出面打圓場說：「你們兩位今天到此就好了。」

隔日，船舶部保坂部長和丸紅商社各相關主管開會商量。保坂部長告訴他們，我是個意志力很強的人，過去所做的事都很成功，對於海運的經營很專業，又具有先見之明，對事情的判斷應該不會錯才對。

經過大家漫長的討論並交換意見，最後的結論是，丸紅商社同意支持長榮做貨櫃船。

那時我人還在日本，當我聽到這個消息，內心感到非常欣慰：「眞是皇天不負苦心人！」當天晚上便和幾位朋友在餐廳痛飲一番，內心暗下決定：「此舉一定要成功，不許失敗。」

1

3

6

# 二、全面貨櫃化

## 著手市場調查

面對公司這項重大的決策，我深知整體作業計劃是否周全、縝密，都將關係著未來的成敗，因此，深入而全面性的市場調查至關重要，並且刻不容緩。

一九七二年十月間，我指派人員成立了「貨櫃發展研究小組」，著手蒐集貨櫃運輸相關資料；同時發動香港、新加坡、韓國、日本等地的代理行及分公司，蒐集當地有關的營運資料，加以整理歸納。

一九七三年二月間，再派遣公司主管專程前往美國，偕同紐約總代理行詳細了解美國地區貨櫃營運的實際情況，以及各大船公司的發展動態，並赴紐約、巴爾的摩（BALTIMORE）、查爾斯頓（CHARLESTON）、舊金山、洛杉磯等各大港口，實地考察

貨櫃船灣靠情形，以及貨櫃場各項設施與詳細費用等。

等到「貨櫃發展研究小組」將所有的資料都蒐集完備後，立即進行分析評估，做出一套完整的調查報告及營運計劃。

在航線的選定上，以當時的市場來看，由遠東出口銷售至美國東、西兩岸的雜貨，數量極爲龐大，美國航線爲全世界最熱門的黃金航線；除了一般雜貨船之外，各大船公司紛紛將貨櫃船投入美洲航線營運。

根據市場調查報告顯示，當時若以貨櫃船加入此一航線的營運，仍極具發展潛力；因此，我選擇遠東—美國東岸航線，做爲長榮第一條開闢的全貨櫃定期航線。

至於美西航線，因世界各大船公司投入的貨櫃船隻甚多，因此我把它放在第二順位，待美東線開闢後，再依實際情形評估是否投入。

在船型的規劃上，我將市場反應、燃油效益、船員配置等因素列入考量，初期準備建造四艘六○○TEU（TWENTY-FOOT EQUIVALENT UNIT，國際標準二十呎貨櫃）的全貨櫃船，派遣在這條航線上；並購置所需的貨櫃和車架等相關配備。

爲了區分船型，這四艘新船的英文船名，將以「S」爲字首命名，此系列同型船即以「S型船舶」稱之；此後長榮所訂造的一系列新船，皆依循此一規則命名識

別。

此外，配合未來美東全貨櫃航線的開闢，我亦將公司現有之雜貨船隊重新部署，並著手構想開拓其他的定期航線。

## 通盤部署，全員出擊

整個貨櫃化的市場調查，分爲幾個不同的階段進行，前後總共花了二年的時間，投注的資金約有一百萬美元。

由於長榮海運之前沒有經營貨櫃航線的經驗，在市場上未有知名度，因此在業務推展上特別辛苦，凡事都必須從頭開始打基礎，我們對每一個細節都絲毫不敢掉以輕心。

建造S型貨櫃輪，準備開闢美東全貨櫃定期航線

我在一九七三年八月間，親自率員到美國和加勒比海地區做爲期四十天的市場巡迴調查，並且馬不停蹄地拜訪當地貨主。那一次橋本勳也隨同我前往，在這數十天的朝夕相處中，他對我的做事態度及經營手腕，有了深刻的印象及相當的信心。

爲配合貨櫃化運輸時代的來臨，海運事業的整體運作型態也產生了重大的轉變，無論在海上運送、碼頭作業以及陸運轉接上，都有革命性的改變。

陸上拖車運輸業應時而興，扮演極爲重要的角色，以貨櫃拖車配合貨櫃船運輸，具有簡化包裝、防止竊盜、加速貨物搬運及便利關務檢驗等優點，使貨

拖車運輸適時而興，使貨櫃運輸作業更加靈活

櫃運輸作業更加靈活。

為了能確實掌握海上及陸上的運送服務品質和效率，公司率先於一九七三年九月間成立了長榮運輸公司，完成台灣陸上運輸作業的準備工作，以迎接貨櫃航線的開闢。之後並成立電子計算室，將貨櫃化的業務處理，全面導入電腦化管理。

由於推展貨櫃化運輸是一項複雜且龐大的投資，對長榮海運而言，不僅是一項莫大的挑戰，更關係著公司日後發展的成敗。因此，除了積極部署各項籌備工作之外，公司亦著手訓練專門的業務人員，以便讓國內貨主充分了解貨櫃運輸的優點及對貨主有利的所在，並加強向貨主洽攬去程及回程貨載，促進輸出入物資運輸的全面貨櫃化，以增加公司的貨源。

在國外地區的業務推展方面，遠東地區的分公司和代理行已合作多年，惟仍需再強化其攬貨能力，促其積極向當地貨主推介長榮海運的第一條貨櫃航線服務。

美國地區的業務，除了由當地的HANSEN & TIDEMANN INC.擔任總代理之外，長榮也在紐約設立駐在員辦事處，進而成立公司，由台灣總公司選派優秀幹部進駐，以接洽業務、控制貨櫃營運的績效，並開拓當地的貨源。

## 爭取貨主，妙招求見

為了籌備第一條全貨櫃定期航線，台灣總公司營業人員個個都摩拳擦掌、蓄勢待發，準備一舉攻入美國市場，但是事情的進展，總是無法如期望中的那麼順利。

當時外商來台採購的旺季（BUYING SEASON）大約是在每年三月到九月，大批的外國貨主會前來台灣選購商品，並下訂單。

長榮海運的營業人員為了開發客戶，都四處打聽貨主住在哪家飯店，準備專程拜訪，向他們介紹長榮海運的服務，以及即將開闢的貨櫃航線。

在這之前，我們的營業人員已先拜訪過台灣的貨主，基於過去的良好關係，他們都很支持長榮開闢貨櫃航線。由於當時遠東到美國的貨載，大部份是由美國的貨主決定裝運哪一家船公司，所以，台灣的貨主會先向我們透露美國客戶下榻哪家飯店，好讓我們去接觸。

那時台灣國際級的飯店還不多，大部份的國外貨主來台都住在統一飯店。我們的營業人員抱持著一股熱忱，直接就到統一飯店去等客戶，看到酷似客戶的人員，即主動上前自我介紹，推薦長榮海運的服務。有客戶名單的，則先用電話約定造訪

時間。

然而令人感到意外的是，當營業人員打電話到飯店找貨主時，由於素未謀面，貨主都不願接聽電話，更別想排上時間做業務拜訪了。

儘管我們的營業人員一而再、再而三地，以誠懇積極的態度嚐試突破，終究還是不得其門而入。

營業人員把這種情形反應回來，大家都感到十分意外，心裏非常著急。因爲這些貨主專程到台灣採買貨品，是到長榮總公司的所在地來，正是讓貨主認識「EVERGREEN」的機會，若無法和這些貨主在台灣接上線，等他們回去之後，我們要攬到貨載的希望就更加渺茫了。

最後我們想了一個辦法，就是訂購一些水果禮籃和花籃，上面擺放營業人員的名片，再送到飯店由飯店人員交給貨主，看看用這種方法能否讓貨主了解我們的誠意。貨主收到這些意外的禮物，都感到十分驚喜，便根據上面所附的名片，打電話到公司向營業人員道謝。

營業人員便趕緊藉此機會，向貨主表達拜訪的誠意，希望推薦「EVERGREEN」的服務讓他們認識。

美國貨主聽了以後，也就不再拒絕接見，長榮的營業人員便靠著這個方法突破困境，爭取到和貨主見面的機會。

當時擔任第一線的營業人員如許瑞源、許昭義、陳清標、黃仁宗、張銘波、吳文雄及謝志堅等人，現在都已經是長榮集團國內外企業副總經理級以上的高級主管了。

相對於營業人員的衝鋒陷陣、勇往直前，少數幾位幹部對於長榮發展貨櫃化仍持質疑態度，其中總經理邱垂村是一直持反對意見的人，他認爲發展貨櫃化太冒險。邱垂村的態度讓我非常生氣，因爲我一直在教他海運方面的知識，沒想到他竟不能體會我的用心。

他目睹我在長榮草創階段，歷經一樁又一樁的挫折和打擊，如今公司好不容易上了軌道，只要再造一些新船來經營，就能維持不錯的局面，何必再發展什麼貨櫃化呢！

但我的抱負並不止如此，仍堅持要掌握時機謀求進步，否則，終有一日就會被淘汰。

這幾位幹部因深怕長榮海運「貨櫃化」失敗，會把以前的獲利都賠下去，因而

要求退股。

這些幹部都是從中央海運跟隨我過來的夥伴，他們持有的股份是我主動提撥的乾股，他們並沒有出資；既然他們無法認同我的理念，我也不再勉強挽留他們，便把當初分給他們的股份，結算金額給他們，他們退出後，公司便全力投入開航的準備工作。

## 戰戰兢兢準備首航

由於我深知貨主第一次採用長榮海運的服務所留下之印象，對往後雙方長久的合作關係影響甚大，因此，我總是要求公司的營業人員，對客戶的態度要誠摯、實在，即使貨主只讓我們運載一、二噸貨物，我們的服務品質依然不變。對於貨主能在我們的貨櫃航線開闢前，就給予支持，我們已經心存感謝和珍惜；這是長榮始終強調的服務精神。

在開航前，我派遣郭宣瑜（現任長榮美國公司董事長）去美國監督所有的準備作業，並再三囑咐他一定要把每一個細節做好，使貨物能夠迅速送達給貨主。

我認爲，這是長榮開闢的第一條全貨櫃航線，需要以實際的服務品質來建立口

碑，首航的這些貨載，正是貨主用來考驗長榮的服務水準，絕不能出半點差錯，造成貨主的不便或抱怨。

另外，我還特別要求公司主管，務必好好教導美國地區的同仁，從電話禮儀、應對進退、提單製作與發放、艙位安排、貨物輸送等大大小小的事項，都要保持誠懇、周到的服務態度。

一九七五年四月二十六日，長榮海運第一艘全貨櫃船「長春輪」（EVER SPRING）在日本舉行下水典禮，本來我和內人都要參加，孰料遭逢母喪，只得取消行程。

一九七五年七月十七日，「長春輪」交船，首航遠東—美國東岸航線，長榮

長榮海運第一艘全貨櫃船——長春輪

海運第一條全貨櫃定期航線正式啓航，長榮也因此成爲台灣第一家開闢貨櫃航線的船公司。

在「長春輪」交船時，市場上仍籠罩在石油危機的陰影中，造船廠以物價上漲爲由，要長榮多支付三分之一的船款。

我對造船廠的要求很不以爲然，我認爲造船廠在建造「長春輪」期間，所購買的各項材料，尙未遭逢物價上漲，且雙方已簽訂契約，約定價錢，現在索求這麼多，實在沒有道理；如果是尙未建造的下一艘新船要漲價，於情於理還比較說得過去。

後來經過雙方多次協調，造船廠才降低漲幅，長榮也退一步，才使事情落幕。

## 船舶設計合理，避過石油危機衝擊

第一個航次攬收到的貨，平均每個貨主都只有一、二個櫃子而已，加上當時石油危機，世界經濟景氣落入谷底，所以貨載很少，光第一個航次就虧了五十萬美元。

儘管首航的貨載並沒有滿載，所幸，美國地區和台灣總公司兩邊事前準備十分

妥善，且「長春輪」按照預定的船期，準時抵達美國各港口，所有的作業環結都銜接得相當順暢，眞是感謝上天的保佑。第一個航次有了良好表現，也贏得貨主對長榮海運服務品質的信賴。

能源危機所引發的經濟風暴，使原本繁榮的國際貿易快速蕭條，台灣及亞洲地區的對外貿易，首次出現進出口同時負成長。國際貿易的熱潮一冷卻，各船公司業務直線下滑，全球船舶噸位出現大量過剩的現象。

面對貨源萎縮及全世界海運市場的不景氣，大部份經營遠東至美國航線的盟內船公司，紛紛退出運費同盟，以惡性削價競爭，做存亡的決戰。

長榮剛開闢這條航線時，在這條定期航線上的盟外船公司，僅有三、四家而已，運費尚稱穩定；但僅一個月之後，退出該航線運費同盟的船公司，竟多達二十餘家；競爭之慘烈可以想像。

所幸我們在規劃全貨櫃航線時，就已考慮到貨櫃化尚未形成風氣，貨源待開發，加上世界其他大輪船公司都派船行駛這條航線，競爭激烈，所以在初期我們所設計的貨櫃船，是以市場需求和公司營運效益上有把握爲主要考量，建造較省油、裝載量適當、船速經濟的全貨櫃船，且相對地船價也較其他大馬力、高載量的船隻

爲低。

由於這些船舶採用柴油引擎，油料成本較低，自然比其他船公司節省許多，也因此大大降低了那次石油危機對長榮海運所造成的衝擊。

過去船公司，都傾向建造航速快、主機馬力大的船舶，船價既高昂，又非常耗油；長榮貨櫃化的時機正遭逢石油危機，正印證在「貨櫃化」過程中，各方面都掌握得相當得宜。

回想我們準備邁入全貨櫃航線時，同業還曾以此當笑話看，認爲長榮根本沒有經營貨櫃船的能力和理念。事實上，長榮的市場調查工作詳盡周密，連在設計S型全貨櫃船之初，便已考量貨載的變動性，設計進可攻、退可守的彈性承載量。

也就是說，假使各船公司在主要市場上產生劇烈競爭，長榮暫時無法在美國遠洋航線發展的話，這些裝載六四六TEU的S型船隻，由於承載量適中，尚可行駛日趨貨櫃化的近洋航線，或擔任大型遠洋貨櫃船的接駁工作，或行駛新發展地區的貨櫃航線。

如果貨載情況穩定成長，S型船舶在建造過程中，則已預留可供延長加大船體的空間，此一作法，不僅使新闢貨櫃航線的前期虧損降至最低，且可以配合市場之

需，迅速改建、延長加大船體。

隨著經驗的累積和不斷地觀察研究，往後長榮所建造的每一系列新船，我都加入自己匠心獨具的設計，使得長榮的船隊，在全世界的海運市場中始終保持著高度的競爭力。

## 美東鞏固，美西開疆

美東航線的第一航次雖未滿載，但貨主已對長榮海運的服務有了信心，第二趟的貨載情形比第一航次增加，到了第三航次就滿載了，往後都一直維持穩定的貨載。

當長榮海運經營的全貨櫃定期航線被貨主肯定後，貨主開始要求我們儘早

原可裝載646TEU的S型全貨櫃輪經過船體加大延長後，可裝載866TEU

增闢美國西岸的全貨櫃定期航線。

其實早在長榮開闢遠東至美國東岸航線不久，即一九七六年三月，我便已在美國西岸的加州地區設立分公司，開始蒐集資料，進行市場調查。

經多次研議後，我確定開闢美西線的時機已經到來，所以在同年十月，調派貨櫃船「長春輪」首航遠東到美國西岸的全貨櫃定期航線。

美西線一經開闢，短期間即贏得顧客的愛戴，貨源接踵而來。我認爲這完全是在美東航線上所奠下的基礎所致。

隨著業務拓展順利，S型貨櫃船漸有貨載艙位不敷使用的情形出現，雖然當時新船都按計劃興建中，但營運中的船舶已開始容納不下源源而來的貨載。

於是我先行延長S型貨櫃船體因應，將原來裝載六四六TEU的容量，增加至八六六TEU，而船員人數則因爲訓練有素、操作嫻熟，每艘船由原來的三十名減少爲二十四名。此外，亦陸續建造一系列新型全貨櫃船。

回想起來，美東線開航的第一年可說是長榮海運創立以來，最緊張的一段日子了。貨櫃化的成敗攸關公司的發展，而在我們投注了這麼多的資金、人力籌劃下，卻又遭逢突如其來、影響層面擴及全球之石油危機，當時公司上下都秉持共同的信

念——只許成功，不許失敗，堅持奮戰下去。

所幸一年之後，海運市場的景氣開始復甦，長榮的貨櫃航線，歷經了這次的考驗，更奠定了可靠的信用基礎。

隨著美西航線的開闢完成，長榮海運貨櫃航線邁入穩定成長期。而此時，其他船公司的散裝、雜貨輪業務正急速走下坡，或受趨勢所迫、不得不轉向貨櫃化，長榮海運的經營已進入一個新的境界了！

長榮海運在短短一兩年間，成功地開闢兩條全貨櫃定期航線，不但深受遠東及美國地區貨主的肯定，名聲也遠播到歐洲海運界。

## 完成航線貨櫃化

在完成中南美定期航線後，原本計劃繼續開拓遠東到紅海、地中海的定期航線，不料一九七三年間以埃戰爭爆發，遠東到紅海、地中海必經的蘇彝士運河封閉，開闢這條航線的計劃因而擱置，直到一九七六年蘇彝士運河才重新開放通行。一九七七年六月，在相關作業部署完備後，即先調派雜貨船「長立輪」首航此一航線，並計劃予以貨櫃化。

其後，我派遣調查小組前往地中海地區的義大利、法國與西班牙等地，深入了解各港口貨櫃碼頭設施及各項費用。當時地中海地區的港口設備已漸邁入貨櫃化，且該航線的運費同盟船隻，正積極爭取提供貨櫃運輸服務。

發現此一市場漸趨成熟時，公司決定將雜貨船汰換，改以全貨櫃船行駛此一航線，以期和運費同盟的船舶一爭高下。第二年（一九七八年）五月二十五日，由改建後的「長仁輪」（EVER HUMANITY）擔任首航遠東到紅海、地中海全貨櫃定期航線的任務。

之前，為研判中南美定期航線貨櫃化的經濟價值，我們多次前往加勒比海及美國海灣地區，實地調查市場貨源的分佈，以及各港口貨櫃碼頭的配合情形。

一九七六年間，長榮建造四艘一六、八五〇噸級M型高性能全貨櫃輪，每艘船上均自備四座起重機，可自行裝卸貨櫃，以因應中南美洲港口船邊作業無橋式起重機（GANTRY CRANE）之問題。

一九七七年三月二十四日，派遣第一艘新造M型全貨櫃輪——「長慈輪」（EVER MERCY）首航，這是遠東至中南美洲航線貨櫃化的開始。

遠東至中東航線是長榮開闢的第一條定期航線。歷經十年之後，此地區的海運

市場，已由艱苦困厄轉爲貿易鼎盛、百家爭相營運的局面。又因這一地區港口碼頭建設落後，經常發生船隻壅塞情形，貨輪等候碼頭裝卸往往要二十天以上，船期難以控制，一般行駛此航線之雜貨船因往返費時，服務不能周到，因此自一九七八年三月起，我暫停此航線，重新調整船隊。

一九七九年一月二十三日，長榮調派改建的貨櫃船「長鋒輪」再重新進入市場，以貨櫃化的嶄新姿態，服務遠東和中東地區的貨主。

至此，長榮海運的定期航線，全面邁入貨櫃化的時代。

M型全貨櫃船自備四部起重機裝卸貨櫃，以因應中南美港口碼頭作業之需

## 全力經營貨櫃定期航線

在貨櫃化前所購建的雜貨船，都陸續淘汰，或改建爲貨櫃船。而且公司的財務狀況已上軌道，爾後長榮船隊的發展目標，朝向建造新型的全貨櫃輪規劃。至於租傭給昭和海運的散裝船，如「長隆輪」、「長洋輪」等，也已陸續出售。

在一九七四到一九七六年間，長榮曾訂造了五艘H型散裝新船，以論時租傭的方式租給日本郵船株式會社（NYK）載貨使用。

之後，由於不定期航線市場景氣低落，日本郵船向我們承租的五艘H型散裝船，貨載情形相當不好，便希望能和長榮海運提前解約。日本郵船的作法對長榮相當不利，因爲當初是在雙方談妥論時租傭條件後，我們才訂造新船，現在突然要求提前解約，在情理上，實在說不過去。

但我念在當時市場不景氣也是事實，且別人一定是有困難才會來拜託我，加上我的個性又不想爲難別人，因此，明知依照合約，長榮是絕對站得住腳，但我不希望只顧自己賺取租金，而讓日本郵船苦撐下去，最後還是答應對方的要求，將那五艘新船全部收回來，想辦法自己經營。

由於當時我們已朝全面貨櫃化發展，因此自一九七七年九月起，陸續把這五艘H型散裝船改建爲全貨櫃輪。

本來至此以後，長榮海運即全力朝貨櫃航線發展，但後來在一九八一年時，我們曾委託位於北海道的函館造船廠建造了六艘O型的散裝船。

那個時候，原本在丸紅商社的保坂部長，已被調派到函館造船廠擔任社長。由於當時正逢全球造船業的不景氣，保坂部長向我表達，希望能夠爭取建造長榮新船的機會。加上當時市場預測散裝船的景氣即將復甦，因此，基於捧場的性質，我便訂造了六艘散裝船。

這六艘船陸續完工交船後，即由長榮海運自行經營不定期航線，但是由於公司業務重心還是放在全貨櫃定期航線上，而且散裝船的景氣，僅維持了很短的時間，因此在一九八五年時，我就結束不定期航線的營運，並相繼把O型船改建成全貨櫃船。

回想長榮建造第一艘新船「長安輪」時，我們只是一家名不見經傳的小船公司，沒有能力委託大型造船廠建造。當長榮已發展到一個規模時，那些大造船廠反而主動爭取建造長榮的新船，眞是今非昔比。

以往長榮海運未曾委託三菱重工建造新船，後來他們竟主動向我表示希望建造長榮的新船，因為，長榮海運是世界最大的貨櫃船公司，他們如果沒有替長榮海運建造過船隻，那實在是有失其在造船業的地位。

那時我用揶揄的口氣回答他們：「長榮海運以前只是一家小小的船公司，從來不敢委託像你們如此大的公司造船啊，小病怎麼敢到大醫院去看呢。」在三菱重工向我表達替長榮建造新船的意願後，長榮海運有數十艘超大型船舶，均是委託三菱重工建造。

除此之外，長榮配合已久的造船廠還有尾道造船廠、林兼造船廠及中國造

張榮發於日本長崎參觀林兼造船廠

船廠等。

其中林兼造船廠原本在日本中型造船廠中算是規模頗大的，後來受到全球造船業景氣不好的影響，業務逐漸衰退，公司因而縮編，甚至考慮出售。

林兼造船廠要出售的消息傳出，曾引起廠裏員工面臨失業的恐慌，尤其廠方洽談的買主是一家造漁船的公司，而林兼造船廠的員工是屬於建造商船的技術人員，如果買賣成交，原來的員工恐怕就無法再做下去。

當時林兼的社長，以前即是廠裏設計船舶部門的課長，他原本就和我熟識，因此專程跑來找我，希望我能買下林兼，納入長榮集團的經營管理。我不解地問他：「日本有那麼多財團有能力收購，爲什麼要找我呢？」他誠懇的向我說：「因爲長榮集團是可以信賴而可靠的，我們對您深具信心。」

他繼而向我說明廠裏員工的工作問題，因此，我考慮之後，即於一九九二年初買下林兼造船廠，納入長榮集團的體系，改名爲「長榮造船株式會社」，並開始加以整理擴建。

# 三、和丸紅的淵源

## 發展神速，長榮遭嫉

長榮海運邁入全面貨櫃化之後，公司成長十分迅速，並躍居全世界貨櫃船公司之佼佼者，難免威脅到其他船公司的經營，引起同行的恐懼；日本郵船株式會社的菊地社長就曾爲此專程拜訪丸紅商社松尾社長，要求丸紅商社不要再「支援」長榮海運，以免影響到日本的海運業者。

但松尾社長認爲，長榮和丸紅之間純粹是生意往來的關係，並非支援的性質，而且雙方一直配合良好，所以便當面駁斥日本郵船株式會社社長的無理要求：「我們和長榮的關係，並不是資助或支援。」

他接著強調：「長榮是丸紅的客戶，他們向丸紅貸款造船，也是照樣要付利息

的，這生意要不要做，我們內部自會評估，和你們根本牽扯不上關係。」

其實，長榮海運的成長蛻變，也是丸紅商社始料未及，他們只是肯定我是海運業的人才，但是沒想到日後居然建立起全世界第一大的貨櫃船公司；目睹長榮的發展，丸紅也深感與有榮焉。

後來松尾社長還曾告訴我，當初我講述發展貨櫃化的計劃時，直覺得我的雄心太大了，目標講得這麼大，到底能不能實現，他都有點懷疑。

然而，目睹長榮集團不斷地成長，甚至比當初我所講述的規模還要龐大，實在令他讚嘆不已。

過去對長榮貨櫃化持不同意見的丸紅商社運輸保險部佐藤先生，後來被調到船舶部任部長，那時長榮貨櫃化的成績已經受到全球矚目。因此，再見到佐藤先生，他一直對我說：「眞是料想不到啊！眞想不到！」

我則回答他說：「等你想到已經太晚了。」

長榮集團與日本丸紅株式會社長久以來的合作關係，一直是外界最感興趣的，也有諸多揣測：例如長榮集團是「日資」公司；我是娶了丸紅社長的千金，所以事業才發展神速等等。

當初長榮海運只是一家名不見經傳的小公司，而丸紅則是日本頗具規模的大商社，社長是高高在上的，以我當時的身份，是不可能有機會見到社長，更遑論高攀親事了。

更何況，丸紅商社在日本算是一家頗具聲望的綜合商社，也是股票上市公司，股東有上百萬人，其中很多大股東都是銀行界的人。既然是體制完備、聲譽良好的上市公司，公司的經營就要對眾多的股東負責；長榮即便和社長的女兒有關係，也不可能享受到特殊待遇。

再者，日本企業的社長多採聘任制，任期很短，自長榮和丸紅有生意往來至今，他們已歷經六任社長，怎麼可能為了一個社長的女兒，各任社長都對長榮給予優待。

長榮若是真與日本丸紅商社有「特殊」的關係，創業初期就不會借貸無門，丸紅商社所掌握的大批貨載，也不會只分配少許（甚至沒有）讓長榮的船舶運載。

長榮集團與丸紅商社之間，自始至終純粹是一般商業往來；丸紅商社沒有長榮集團旗下任何關係企業的股份，我與丸紅高階也沒有任何特別的關係。

丸紅當初認定「Y.F.CHANG是個會做事的人」、「這個人確實是個海運方面的專

家」，加上當時丸紅商社和台灣的海運業界尚未建立起合作關係，即有意找尋一家具有潛力的海運公司，長期合作，所以才會在長榮海運創立初期遭遇困難的時候，幾度給予幫忙和支持。

而據當初承辦長榮業務的丸紅人員表示，在幾次的接觸中，他們對於我的爲人處事印象深刻，再經過深入調查及共事之後，更相信我對海運事業的眼光和能力，因此而奠定了日後雙方長期的合作關係。長榮能夠獲得丸紅的支持，說起來也是一種機緣吧。

對於自己熱愛的海運事業，我從不曾放棄努力，因爲我是一個很想做事、也喜歡做事的人，在經營困境中，我不斷地督促自己，要把公司迅速扶上軌道，以證明我向他們提及的發展計劃不是空話，如此也才不會辜負這些友人對我的信任、肯定和期望。

## 以「專業」、「信用」為基礎的合作關係

「信用」和「誠實」一直是我堅持的行事原則。當初我在爭取丸紅支持時，就是據實地把公司營運的狀況以及自己的理念與做法，包括以前合夥新台海運和中央海

運的實際情形，都一五一十告訴他們，讓丸紅商社可以很客觀地從這些事實中作一判斷。

當時雙方正值初期合作的階段，信用尚待建立，而且公司貸款的金額為數不小，丸紅商社對於授信對象的財務狀況和業務情形，必須全盤了解；所以他們提出要定期派財務人員前來公司審查帳目。

對於丸紅商社的要求，我十分歡迎，因為我一向嚴格要求所有的帳目一定都要清清楚楚、乾乾淨淨，不准有任何作假的情形。況且，向丸紅申貸的各種款項，均會確實地用在申貸的用途上，絕不會巧立名目，把借來的錢挪做私用或其他用途。

丸紅商社的財務人員審核長榮的帳目後，都表示十分滿意，因為他們從未發現任何交代不清的帳目。

經過一段時間的配合，丸紅商社對於長榮的財務狀況和作帳程序，已經非常了解和信任，加上公司的業務漸趨穩定，在長榮開始貨櫃化（一九七五年）之前，丸紅便停止派人來查帳了。

當長榮海運經營的船舶開始獲利，也都準時償還貸款，商業信用逐步建立起來，我們向丸紅貸款的額度也逐漸增加。

長榮的「信用」和「專業」獲丸紅商社的信賴後，丸紅為了進一步與長榮維持良好的業務往來關係，便主動爭取長榮的貸款業務。

台灣許多企業，對我和丸紅的合作關係只看表面，而不知其中緣由，也曾試圖主動找丸紅或其他日本商社配合。

然而一般日本商社對於前來申貸者，所考慮的不僅僅是對方是否具備專業的經驗，還會進一步評估對方的企業是否具有發展潛力、商業信用度，以及負責人的做事方法和態度等；並會先派員全盤徹底了解申貸者的信用、背景……等相關資料，甚而透過業界的客觀看法等，再召集商社相關的主管開會討論，才會做成決議，絕不是靠關係或交情就可以申貸得到。

日本商社對不符合他們條件的客戶，即使原本資金雄厚、具有知名度，但他們在沒有完全認同前，也不會輕易提供貸款。

值得一提的是，日本商社員工的判斷力與眼光，對於他們公司的業務發展具有重大的影響力，因為如果他們評估得當，為公司爭取到有潛力的客戶，就可為公司帶來豐厚的獲利；相對地，承辦人員必須對其所承辦的業務，負起成敗責任；而承辦人員和申貸者之間的關係，就彷彿是命運共同體一般。

當初保坂部長和其他人員能夠認同我，並向公司建議支持長榮，我也有著極大的壓力，因爲如果我失敗了，他們就必須辭職以示負責。

但是，如果日本商社認定你是個會做事、有信用的專業人士，他們就會全力支持你，在你困難的時候，仍給予援助，絕不會有「晴天借傘，雨天收傘」的做法。

用一個比喻來形容，如果他們見到你陷入孤立無援中，眼看就要落海沉溺了，便會趕緊把你拉回來，鼓勵你不能放棄，一定要撐下去。因爲他們的想法是，如果沒有及時拉你一把的話，恐怕以前貸給你的錢都別想收回來了，譬如之前他們已貸給你一百萬美元，這次如果幫忙你度過難關，繼續做起來了，他們貸給你的錢就能連本帶利收回來。

## 顧到「雙邊利益」的生意之道

丸紅商社與長榮集團長期業務往來的過程中，對於我「顧到雙邊利益」的生意之道，印象頗爲深刻。

舉例來說，要購買一艘船，我都以對方的報價，先做營運分析，而不會爲了少付一點佣金費用，而刻意壓低價錢。我認爲人家本來就該從中獲得利潤，去計較別

人賺多少錢並非生意之道，應以估算符不符合自己的成本效益來做決定。

如果估算結果，以對方的報價購船，我無法獲利，我才會詢問對方，是否可以在合理的範圍內降價；若對方降價就沒有利潤的話，我也不願對方賠錢賣給我。

我深信做生意要成功，必須顧及雙方的利潤，如果無利可圖，誰願意跟你做生意，「你賺我賠」或「我賺你賠」都不是生意之道。

人不能貪心，做生意賺到了自己應得的利潤，就應該滿足，不應看到對方賺多了，就眼紅、嫉妒。

與我長久有生意往來的人也都知道我不會假公濟私。

有些船公司負責人會利用公司購買船舶的時候中飽私囊，例如，一艘船的報價是一百萬美元，他們會自行往上加價，例如加了二十萬美元，使公司帳目上的船價變成一百二十萬美元，其實二十萬元是被挪爲私用。

長榮海運從來不曾發生類似的情形，也許人家會說：「反正公司都是你的，賺的錢也是你的，對你當然不會有什麼差別。」雖然我是公司的主要股東，但昧著良心賺取私利，絕對不是我的行事風格。

有些人會以「公司只是一個法人組織，個人才比較重要」的心態，在從事買賣

時，先把自己的口袋裝滿再說，以後萬一公司倒了，自己仍不會受到影響。

但是我堅信這種違背道德的事，會觸犯天理。我認爲做生意應先掏光自己口袋裏的錢用來打拚，資金不夠才向別人貸款，一有錢就應該先還別人才對，不可以私藏爲先。丸紅深知我買船從來不會爲私利而加價，對我這種行事原則，更加深信我對公司經營的無私。

總之，長榮和丸紅的合作關係可以維持得如此愉快而久遠，我想這些爲人處世的原則，也是其中的原因之一吧。

## 「重情義」的為人原則

儘管長榮已經發展起來，但是我對丸紅商社當初極力支持我的三個人——保坂清志、長澤正彌及橋本勳，始終存有一份感激之情，甚至後來請他們在長榮的日本關係企業任職。

保坂部長從丸紅商社退休後，我把自己在長榮日本公司會長（董事長）的職務讓出來，聘請他來擔任，且是終生職務，每月領有優渥的薪俸。一九九五年初，保坂會長辭世時，爲了感念他生前對我的恩情，以及表達我對他的悼念之意，我特別

保坂清志（右）當年的肯定和支持令張榮發銘謝終生

爲他舉行一場盛大隆重的「公司葬禮」，除了海運業界人士，丸紅商社的主要幹部均前往致意。

保坂會長過世之後，我提撥給他家人一筆豐厚的撫恤金，做爲退休俸，以照顧他家人日後的生活，爲了此事，他的夫人事後特地來向我致謝。

曾任丸紅商社台北支店長的中藤先生，爲此也寫了一封信給我，提到他參加那次在東京爲保坂會長舉行公司葬禮的深刻感觸。

他在信中表示，葬禮當天，丸紅商社的人目睹了如此莊嚴盛大的場面，無不爲之動容，日本業界的人一致表示：「沒想到世間竟然有如此情深義重的

長栄集団
総裁

1995年4月5日

張総裁栄発先生

丸紅株式会社

中藤隆之

拝啓、三寒四温を繰り返しながら、春は確実に近ずいております。

さて、この度は、貴集団、日本会社の保坂会長が亡くなられ、お悔み申し上げると共に
心よりご冥福をお祈り申し上げます。お通夜にお参りさせて頂きましたが、立派な社葬で
大勢の人々の会葬を受けて、保坂さんも定めし満足されたことでしょう。橋本社長、
弊社の松田部長はか関係者の皆さん本当によくやられて、ご苦労さまでした。小生も
福本さん、中山さんと共に保坂さんの想いで話をしましたが、何れも張総裁に対する
賛辞が中心でした。総裁は本当に最後まで保坂さんの面倒を充分過ぎるほどみられました
が、このような義理人情は、他人には為し得ず、保坂さんは本当に幸せな人生でした。
総裁の義挙に対して心より敬意を表すると共に、丸紅の一員としてご厚志に厚く御礼
申し上げます。聞けば、最後の入院の際もわざわざ訪日され病院に保坂さんを見舞われた
由にて、保坂さんも総裁のご好意を判って手を握ったとの橋本社長の話でした。恐らく
保坂さんは、総裁と過ごした楽しい日々を思い出して万感の想いで、お別れの握手をした
事でしょう。小生も、機械部時代、台湾勤務時代を想い感慨無きを得ません。

長栄集団も総裁あっての企業体でありますので、呉々もご健康には、一層のご留意を
お願い申し上げます。

保坂さんが亡くなって二週間が来ようとしています。改めてお悔みと御礼まで。

敬具

中藤隆之有感於張榮發對保坂清志的深情厚義，特致函予他表達欽佩之意

人！」

我自己讀了這封信也十分感動，並不是我喜歡人家來捧我或感謝我，而是想到我對情義的重視能夠得到別人的認同，自己也覺得很光榮。

外界的人也因此進一步了解我是一個十分重感情的人，也許有人認為我和保坂部長之間不過是業務往來的關係罷了，我何必一直惦記著他的情份。但是，話不能這樣說，在我創業初期最為艱困的時候，如果沒有他肯定我，替我向公司爭取支持，我就無法得到貸款，理想也難以伸展。

換言之，當初並不是「公司」這個抽象名詞在肯定我，而是「人」在為我背書，所以我當然要感謝這個「人」，因為這個「人」會不會認定你，才是關鍵所在。當初，保坂部長認定我是個有專業素養並具有發展潛力的人，只是缺乏資金而已，一旦有資金的支持，就一定可以做得起來，他的肯定，讓我至今都深深銘謝在心。

除了保坂部長後來在長榮日本公司擔任終生會長一職外，其他二位，我也分別聘請他們在長榮的企業裏擔任要職。長澤正彌副部長在日本的長榮造船株式會社（前林兼造船廠）擔任會長（長澤會長已於一九九七年三月辭世），橋本勳目前則是長

不忘舊恩，張榮發聘任長澤正彌為長榮造船株式會社的取締役會長

榮日本公司的會長。

爲了感謝丸紅商社當初對我的幫忙，我至今和他們維持良好的業務往來。許多人勸我說，以長榮今天良好的商譽，應該多找幾家日本商社配合，以建立更廣泛的關係。但是我認爲人要懂得飲水思源，別人對我有過的恩惠，是不能忘記的，我想，當初要不是丸紅給予支持，而我也不是這樣重情義的話，說不定長榮今天的發展又是另一番局面了。

假如我今天和這家商社配合，明天又換別家做做看，久了之後，人家就不見得會重視你這個客戶，反而我固定與丸紅維持業務往來，丸紅自然也會對我

這個客戶予以珍惜。

從我和丸紅長期合作的關係來看，「守信用」和「重情義」也可以說是我張榮發成功的原因之一吧。

# 第5部 征服四海

乘長風破萬里浪的長榮海運，
挑戰世界最強勢的運盟之後，
又成功開闢環球雙向航線，
並一躍成爲全球最大的貨櫃船公司。

# 一、挑戰運盟

## 百年霸主「遠東運費同盟」

當長榮海運的航線遍及美國、中南美洲、中東地區及地中海各國之際，船隊也朝全面貨櫃化的方向發展，此時長榮海運的服務品質，已在貨主及業界建立起不錯的口碑。

在奠定了雄厚的基礎之後，我將開闢遠東到歐洲的全貨櫃定期航線定為下一個發展目標；這是另一個挑戰的開始，不僅戰況會空前激烈，時間也會拖延甚久。因爲我所要面對的是，世界上組織最嚴密、作風最強悍的「遠東運費同盟」（FAR EASTERN FREIGHT CONFERENCE，簡稱 FEFC）。

遠歐海運航線是一條貨源多、運價高的「黃金航線」，但是這條航線長久以來一

直爲遠東運費同盟所霸佔和壟斷。

當時遠東運費同盟已有百年的歷史，總部設於英國倫敦，主要是由歐洲的大型輪船公司組成（冠箱航運集團——ACE GROUP、三聯航運集團——TRIO GROUP、斯堪達捷航運聯營組織——SCANDUTCH GROUP，以及丹麥的麥司克輪船公司——MAERSK LINE等），後來日本幾家大船公司也獲得加入，主要行駛遠東和歐洲間的定期貨櫃航線。

遠東運費同盟船隻眾多、船型新穎，但是盟內船公司享受多年獨霸此航線的特權後，老大的心態日益坐大，作風越來越跋扈，服務水準也日漸低落，旺季時，就挑選運價高的貨品承載，運價較低的貨品，隨時有可能被退關；在運價的制定與收取上，經常任意調整提高，貨主若有不從，運盟即取消其裝船的權利。

多年來，所有遠東地區的貨主，包括台灣、香港、新加坡、馬來西亞等地的託運人，對於運盟的作法，只能逆來順受。

以往台灣曾有幾家船公司試圖以聯營方式行駛這條航線，但是遠東運費同盟的勢力無所不在，台灣業者處處受其抵制，在歐洲重要港口根本攬不到回程貨物，最後只得退出這個市場。

歐洲幾家大輪船公司，也曾以非運盟的身份投入這個市場，結果仍遭遇到相同

的命運，首航的貨載竟然有的只攬到二、三十個二十呎貨櫃，甚至不超過十個二十呎貨櫃，一直處於苦撐的局面。

儘管運盟勢力龐大，但情勢所趨，自一九七八年起，盟外公司逐漸加入這個市場，運費同盟對於貨主的態度才開始逐漸改善。

貨主早就受夠了運盟的跋扈，對於盟外公司的支持有增無減。盟外船公司除重視與客戶的長期配合，且不會大小眼，運價又較低廉。

以往台灣對歐貿易多是因爲運費高昂，而難有成績，盟外船公司所提供較低廉合理的運費，對台灣和歐洲間的貿易大有助益。

盟外公司的加入，使貨主有了選擇船公司的自由，而且在運費上可以節省約百分之十五，有助於成本的降低；同時在船期的掌握上，都能依貨主的需求安排裝船，不用擔心運盟不給艙位或被退關的情形發生。

「但是，這些陸續加入的盟外船公司，到底能夠維持多久呢？」這是貨主們心裏最大的質疑。

他們一來歡迎盟外船公司的加入，心裏卻也擔心這種榮景是否撐不了多時，又會像以往一樣被運盟封殺掉。

當我決心要開闢歐洲航線時，就已對即將面臨的重重阻礙和困難，做好充分的心裏準備。

記得在公司開會宣布這項決定時，我對大家強調：「大家一定要有這樣的認知，我們現在所要挑戰的，是世界上最強勢的運費同盟組織，絕不能輕忽，大家一定要凝聚共識。」

我告訴他們：「這將是場硬仗，時間恐怕會拖很久，而且不是隨隨便便就可應付了結的；我們既然要做，就要有破釜沉舟的決心，不能半途而廢，這樣對貨主才有交代，大家要有萬全的準備，拿出魄力、毅力和勇氣來打贏這場仗。」

## 展開市調，勤訪貨主

面對船公司多達數十家的運盟，我考慮到如果僅由長榮海運一家單獨開闢，風險較大而且勢力較薄弱，如果和別家聯營，勝算就更能掌握。

因此透過丸紅介紹，和同是丸紅客戶之一的韓國朝陽海運（CHO YANG LINE）聯營，共同以盟外的身份進軍歐洲航線。

朝陽海運原本也想加入遠東運費同盟，但是遭到運盟的拒絕；當時韓國已有一

家大韓海運（KSC）是運盟會員，然而，韓國政府非常支持朝陽海運開闢歐洲航線，因此特別准許朝陽與長榮合作。

爲了深入了解歐洲航線的市場狀況，我派遣數批市調小組，多次前往歐洲實地考察，作爲時一年餘的調查作業。

市調小組前往德國、英國、法國、荷蘭、比利時、西班牙、義大利等地，對當地貨源分佈與港口設備等作徹底的了解，就航路可能行經的地點，進行營運費用估算、擬定新船舶的建造計劃等。

歐洲航線並不如美國市場那麼自由，美國航線的運費同盟受美國航運法規約束，不能任意對盟外船公司採取排擠的做法，盟內船公司和盟外船公司各自營運，各自生存；但是，歐洲航線則不然，遠東運費同盟不僅不讓我們加入成爲會員，更會以各種手段封殺盟外船公司。

總之，要對抗一個已有百年勢力的遠東運費同盟，並不是一件容易的事，貨主的支持與否，是攸關我們開闢這條航線成敗的最關鍵因素，因此，我們以誠懇的態度多次拜訪貨主，希望能夠獲得他們的支持。

在歐洲拜訪貨主時，他們對於長榮成功地打進美國市場，並計劃開闢歐洲線，

都表示早有耳聞，也相當歡迎長榮海運以盟外身份加入，但他們心裏還是不免擔憂：「面對全世界最強勢的運盟組織，長榮海運的實力，到底能不能贏得這項空前的挑戰？」

也有很多貨主向我們提出質疑：「長榮海運撐得了多久？以前盟外船公司的命運，最後不是落得苟延殘喘，就是遭到三振出局，沒有一家能夠逃得過這種結局的。」

我們一再向貨主保證：「你們拭目以待吧！如果你們把貨都交給我們運載，長榮海運怎麼會撐不下去呢？而且我們開闢美國線成功的事實，是大家有目共睹的。」

當時貨主如果一年裝貨超過一定的數量，運盟都會退佣金給貨主；如果貨主裝了盟外船公司的船，不但退佣拿不到，還會被列入運盟的黑名單，遭到運盟船公司的共同抵制，拒絕承運他們的貨物，所以，貨主都不敢明目張膽地與盟外船公司接觸。

很多貨主暗中答應我們，但是對外則不敢聲張，怕引來運盟的抵制；有些貨主則表示，等拿到運盟的運費退佣，才把貨交給我們運。

運盟獲知長榮海運要以盟外船公司的身份加入歐洲線，雖也視為一股新的威脅

力量，但是初期他們又好像並不在乎。他們認爲長榮海運這種小公司，不可能會有什麼大作爲的，所以一時也沒有採取什麼行動。

我們按照自己原訂的計劃，在台灣地區繼續積極地拜訪貨主，爭取支持。

我向營業人員再三強調：「你們現在去拜訪貨主，他們口頭上答應你，到時萬一沒半點貨載，那就眞的死無退路了！所以，你們一定要弄清楚貨主是否眞有誠意支持長榮，如果眞的要幫忙我們，就要肯定會把貨給我們運，否則我們就開不成這條航線了。」

對於營業人員的拜訪，雖然貨主們在口頭上都說會幫忙、會盡力，但是對長榮能否順利開闢此一航線，心中仍存有疑慮，對於運盟的強勢作風，也心存畏懼。

經過我們營業人員一而再、再而三誠懇地拜託，貨主才向我們吐露：「如果長榮海運眞的有心開闢歐洲航線，即使虧錢也一定撐下去的話，那我們肯定會支持你們；如果你們沒有萬全的準備，存著試探的心理，哪天你們撤出這個市場，我們豈不被運費同盟修理得更慘！所以，你們一定要向我們保證絕對堅持到底才行。」

當營業人員把貨主的反應以及所擔憂的事情向我報告，我立刻召集大家開會，鄭重的指示營業人員：「你們立刻再去拜訪貨主，向他們擔保，放心裝EVERGREEN的

船，我們絕對會堅持到底。」

我請他們向貨主提出保證，即使虧錢，長榮也會繼續派船行駛，並維持一定的服務水準，請貨主放心。只要得到貨主的支持，我們就能生存下去，與他們一起拓展歐洲貿易。

# 二、突破重圍

## 運盟企圖封殺

長榮海運在完成周密的市場調查之後，配合新航線開闢的需要，決定在國內建造兩艘新型全貨櫃輪——長生輪（EVER VITAL）、長強輪（EVER VIGOR），朝陽海運則在日本建造兩艘同型船。初期我們預定聯合派遣四艘二萬噸級、裝載量一、二一四TEU的新型全貨櫃輪行駛歐洲航線，開航日期擇訂為一九七九年四月，以每十五天一航次服務貨主。

我們依照交通部規定，向其提報與朝陽海運聯營的詳細營運計劃及造船申請，在正式獲得交通部批准後，立即全面進行國內外的各項籌備工作，並與造船廠簽訂合約，開始造船。此時，卻突然有香港某大航運集團向交通部提出異議，阻止長榮

海運開闢歐洲航線。

這家極力反對長榮海運加入歐洲市場的船公司，所持的理由是，該公司早已和遠東運費同盟簽訂合約，是運盟核准的會員，根據遠東運費同盟入會原則，「一個國家」只准一家船公司入會成爲會員，中華民國即由該家船公司代表經營遠歐航線，所以他們有排除其他本國船公司加入這條航線的權利。

雖然該航運集團當時在台灣也有一家航運公司，但是在遠東運費同盟的會員名單中，只有該航運集團設在香港的公司，而中華民國的輪船公司，當時沒有任何一家有加入該組織。更何況，遠東運費同盟對外正式發布的會員名單中，同一個國家有數家運盟會員公司者比比皆是，如英國八家、日本三家、法國四家、瑞典三家等。

該香港航運集團的作法相當激烈，以各種方法向交通部施壓，要求交通部立即中止長榮開闢歐洲航線的計劃。

當時交通部政務次長朱登皋，和該香港航運集團的負責人素有交情，然而朱次長還是秉持公正的態度處理此事。

朱次長認爲，該香港航運集團是以香港公司的名義參加運盟，並非代表台灣的

船公司，因此沒有理由反對長榮海運開闢歐洲航線。況且，政府從來沒有規定過只能有一家本國籍的船公司經營這條航線。

當交通部駁回該航運集團這項無理的要求後，在市場上就開始流傳一些不利長榮的謠言，包括長榮發不出薪水、財務困難、削價競爭、公司快倒閉了等惡意中傷的話。

此外，在貨主逐漸擺脫運盟的控制，而改採盟外船公司的趨勢下，運盟也以軟硬兼施的手段，企圖挽回生意。他們一方面發函警告貨主不得接受盟外船公司的服務，一方面也宣布簡化運費費率、降低運價。

明眼人一看，便知這是對抗盟外船公司的競爭手法，因爲如此一來，盟外船公司所賴以爭取貨源的低廉運價，已與盟內船公司接近，盟外船公司想要攬到貨載，就更加不容易了。運盟打的如意算盤是要在短期內把盟外船公司打垮，之後隨時可再恢復運價。

## 朝陽斷盟，長榮獨行

長榮海運爲求與朝陽海運密切合作，在籌備遠歐航線期間，特別爲朝陽海運派

到長榮見習的十二位高級職員，提供貨櫃營業、航務、電腦、文件等多方面業務的訓練。

開航前（一九七八年七月），我親自率領一支考察隊伍，用二個月的時間，走訪英國、荷蘭、德國、比利時及法國等地，進一步掌握各地市場的區隔和變化，並擇定泊靠港口及代理行等。同行的除了長榮的主管人員，還包括朝陽海運運航、技術等相關部門的主管，隨同我們一起去觀摩、學習。經過我此次實地勘查，我有信心以合理的運費，爲貨主提供遠歐間的定期航線服務。

不料，在即將開航之際，倫敦方面傳來消息，如果朝陽海運以非運盟身份

1978年7月，張榮發親自率領一支隊伍赴歐洲考察

和長榮海運聯營遠歐航線，大韓海運的會員資格將遭到遠東運費同盟剔除。

遠東運費同盟對外放出消息，如果韓國政府核准朝陽海運以盟外船公司的身份營運，運盟就必須慎重考慮大韓海運的會員資格。韓國政府爲了大韓海運的會員資格不被取消，即出面要求運盟讓朝陽海運也加入該組織，並允諾日後將全力支持運盟在該國的各項業務。

由於運盟一方面施予強大壓力，另一方面又答應讓朝陽海運加入該組織，使得韓國政府的立場產生一百八十度大轉變。

這項施壓行動是透過大韓海運向韓國政府表態，不准非運盟船公司和他們競爭，否則運盟便要共同抵制韓國的貨載。

眼看再過兩個月就要開航了，而朝陽海運卻突然通知我們取消雙方聯營的計劃。

朝陽海運的臨陣脫逃，其船舶的接手和航次的規劃都馬上成爲問題。在雙方共同擬定的造船計劃中，長榮海運和朝陽海運各建造兩艘，當時已完工的兩艘，就是朝陽海運所訂購建造的。

由於這四艘船都是透過丸紅貸款，丸紅因此拜託長榮能接手買下朝陽海運的兩

艘船，爲了信守對貨主的承諾，維持原先計劃的航次等各項規劃，我決定接下這二艘新貨櫃船，獨力開闢歐洲航線。

由於當時日幣一直升值，所以我們承接朝陽海運在日本建造的那兩艘新船，支付的船款比原來訂定的價格高出許多，但事情演變到這個地步，我也不想再多計較了，還是以順利開航爲首要吧。

至於朝陽海運，他們又另外建造了新船，並加入運費同盟，一直到現在。

# 三、名震歐洲

## 首航告捷，轟動全歐

正當我們準備啓航，開始對外收貨時，運盟對外頻頻放話，說盟外船公司的船期靠不住、服務品質不佳、公司不健全等，並揚言三個月內就會讓長榮退出這條航線，其用心無非要削弱我們的士氣，動搖貨主對長榮的信心。

但貨主鑑於長榮海運在美國線建立起來的信譽，加上營業人員一再向貨主保證，長榮一定會以完善的服務堅持營運下去，大多數的貨主還是將貨交給我們運載。

越到最後關頭，氣氛就更加緊張，我自己則做了頭一年不賺錢的準備。

等到一切就緒，一九七九年四月十日，新建造完竣的「長生輪」如期首航了遠

1979年4月10日，由新造的「長生輪」擔任首航歐洲航線的任務

東至歐洲的全貨櫃定期航線。

雖然第一個航次並沒有滿載，但有百分之七十左右的貨載，近千個二十呎貨櫃的成績，已經打破以往盟外船公司首航貨載的慘澹紀錄。

第一個航次能有這樣的成績，顯示出長榮海運先前所開闢的幾條貨櫃航線，已經建立起貨主對我們的信心，我相信再跑幾個航次後，成績一定會更好。後來經過了四、五個航次，船就開始滿載，一直維持穩定的成長。

當初運盟揚言三個月內要把長榮三振出局，卻沒料到長榮不僅撐下去，在這條航線的表現，更是大放異彩。

歐洲航線籌劃過程的曲折，早已流傳於國內外業界，所以首航所到之處，莫不轟動。

在「長生輪」首航停靠歐洲各主要港埠時，我都親自主持盛大的首航慶祝酒會與餐會，邀請當地的政要、貨主和業界等貴賓共同參加慶祝。

長榮海運成功地開闢遠歐航線以後，一躍躋身於世界七大貨櫃輪船公司，當時其他船公司莫不將長榮視爲極大的威脅，甚而加諸了許多不實的揣測和詆毀。

當時盛行的一些謠言，像是長榮背後的金主是日本的大貿易商丸紅株式會社、

長榮削價競爭無法長久維持、長榮財務不支被迫出售船隻……等。

幾乎在每次長榮海運要開闢新航線時，就會有謠言打擊我們。過去長榮未曾對這些無稽之談多做解釋，是因爲我們認爲事實可以證明一切，清者自清、濁者自濁。但是有心人惡意中傷的謠言越演越烈，似乎不把長榮整垮不罷休，我們決定不再保持沉默，主動發布聲明澄清。

我在聲明中特別指出：「凡是藉由製造不實謠言惡意中傷對手的方式，以維持自身利益的業者，必定會招致失敗，因爲這不是一種光明磊落的競爭手法。」

儘管運盟爲對抗以長榮海運爲首的盟外船公司，在長榮海運遠歐航線啓航前後，即一九七八年九月到一九七九年七月間，陸續宣布大幅降低台灣外銷至歐洲市場的各項運費，但是長榮海運歐洲航線的業績仍一直維持滿載，因爲大多數的貨主仍然支持我們，他們完全了解，一旦我們被迫退出市場，遠東運費同盟就會故態復萌，立刻漲價。

當時貨主的心態是：「長榮海運以盟外船公司的身份獨立經營已有好幾年了，必然具有相當實力和潛力，所以，我們一定要繼續支持長榮，不能讓它失敗，否則長榮倒了，我們這些貨主就會被運盟報復修理。」

有的貨主甚至主動告訴我們：「我們一定支持長榮海運，你們不能倒，否則我們會被運盟整得很慘！」

以往在盟外船公司尚未具勢力前，都是貨主主動拜託運盟給艙位，客戶不受到尊重，長榮海運以盟外身份打破了長久以來此航線的壟斷局面，不僅主動拜訪貨主，也重視對貨主的服務。

當貨主稱讚我們的服務周到時，我們會告訴他：「這是我們應該做的。」這就是服務業該有的精神。

運費同盟的作法也開始改進，這也算是受到長榮進入市場的衝擊所致。

長榮海運在歐洲航線打了勝仗之後，其他盟外船公司跟著加入；後來有很多船公司都跟著長榮的腳步走，因爲只要跟隨長榮海運的腳步，就可省去做市場調查的功夫。

回想我們向運盟挑戰的每個過程，實在是相當驚險，但也很具有挑戰性；在過程中，我也流露出自己性格的特色，那就是當對手越強悍，我就越不屈撓。我們成功地打進歐洲市場，大夥心裏的歡喜實在無法言喻，這在海運史上，又是一項新的創舉。

## 建造L型新船，日本業者阻撓

由於我們在歐洲航線的經營迅速成長，在一九七九年底，我向日本尾道造船廠訂造四艘L型新貨櫃船。對於長榮快速壯大感到威脅的日本船公司，竟然透過日本運輸省，企圖拖延造船廠建造長榮的新貨櫃船。

當時造船廠已經把建造用的鋼材準備齊全，但是卻遲遲不開工；我們覺得非常不解，便詢問造船廠為什麼讓船台空著而不造船，造船廠告訴我們說：「建造許可還沒有下來。」

為了這件事，我與好友——尾道造船廠的濱根會長，一起去拜會前日本運輸省次長若狹得治先生（後來曾到日本全日空航空公司擔任名譽會長）。

經過若狹次長了解內情，原來是因為當時長榮海運在歐洲航線所展現的雄厚實力，使得許多日本船公司備受壓力，他們擔心長榮海運增加船隊後，會對日本船公司造成更大的影響，因此便透過日本運輸省，阻擾長榮海運建造新船計劃。

當初這四艘新船早已取得自由建造權，而日本運輸省卻突然不願發給造船許可文件，日本造船廠夾在中間，感到十分為難和困擾，對客戶實在難以交代。本來我

一度考慮採取法律途徑，但在我們的爭取下，運輸省最後還是發給了造船許可文件。

船公司的營業績效不佳，應該改善自己公司的市場策略和經營方式，而不應以不正當的手段阻撓別人的成長。況且，「海運自由」已經是世界公認的原則，唯有公平、合理的良性競爭，才能顯現出自己眞正的實力。

## 君子協定，以和為貴

遠歐航線市場趨於自由化之後，運費同盟和盟外船公司彼此間的競爭更形激烈，運盟不僅大幅降低運費，與盟外公司對抗，部份盟內船公司甚至私下惡性削價競爭，運費比公訂的費率低百分之二十到百分之二十五，運盟內部制定的費率可說是早已名存實亡。

在這混亂的情況下，運盟會員之一的麥司克輪船公司，便趁機向運盟威脅，要求將它每年的貨載分配量由三十萬噸增加到八十萬噸，並給予泊靠英國港口的權利，否則該公司將從一九八二年六月起退出運盟組織。

對運盟而言，這無疑是雪上加霜，讓運盟頓時陷於進退兩難的窘境，因爲有龐

大貨櫃船隊的麥司克輪船公司若退出，不受運盟的約束而以獨立經營身份加入市場，則歐洲航線的海運市場競爭必將更形惡化。運盟當時只有兩條路可選，其一是任由麥司克輪船公司退出運盟，其二則是答應該公司的要求。

當時盟內的香港東方海外貨櫃輪船公司（OOCL）負責人董建華先生，對麥司克公司挑起的問題極為重視，並認為此事若要圓滿解決，應該找長榮海運共謀協議。

因此不久後，在一九八一年十一月底，他以私人身份來找我商議此事；之後同為運盟會員的日本郵船株式會社山田副會長也加入協商。

一九八二年初，長榮和運盟在倫敦舉行正式的討論，之後又在新加坡開會協商，雙方都在為恢復遠歐航運貿易秩序努力。

當年五月二十一日，長榮海運與運盟在香港簽署了一項歷史性的「君子協定」。主要的協議內容包括：

- 遠東運費同盟不得強迫長榮海運公司加入其組織。
- 長榮海運公司同意將其由遠東地區輸往歐洲地區的貨載量，由每年一五〇萬噸減為一二〇萬噸，刪減部份的三十萬噸貨載讓予遠東運費同盟會員承運；此外，長榮海運公司每年由歐洲地區運往遠東地區的貨載量不得超過七十二

萬噸。

・長榮海運公司航行遠東—歐洲航線的船舶，不得在沙烏地阿拉伯的吉達港（JEDDAH）及南歐諸國港埠裝卸貨載，但航行遠東—中東、遠東—地中海航線的船舶，不在此限。

・長榮海運公司航行遠東—歐洲航線的船舶，得裝載遠東運費同盟契約貨主的貨載，運往歐洲地區卸載。

・彼此間不得以削減運價爲營運競爭手段，以共同維護海運市場的秩序。

・雙方共同修正及簡化運費費率，但長榮可保有低於運盟所訂運費之差異。

「君子協定」簽訂的有效期間從一九八二年七月至一九八五年底爲止。

當初運盟主動找上長榮海運尋求和平共存的協議，目的是藉以拉攏長榮的力量，迅速穩定市場紛亂的局面，另一方面，也得以滿足麥司克輪船公司的要求，打消其退盟的念頭，使運盟的損失減至最低。

## 運盟失信，「協定」生變

當時業界對於長榮爲顧全大局所做的重大讓步，紛表欽佩與折服。

鑑於日本地區的特殊國情與市場環境，本來在談判的過程中，長榮要求在協議內容中明文列出長榮可裝載日本地區運盟貨主的貨載，否則日本的貨主絕對不敢貿然採用盟外船公司的服務。但運盟表示，若明文列出恐會觸犯日本的反托拉斯法（ANTI－TRUST LAW），因此他們建議這部份僅用口頭約定的方式，但運盟一定會通知日本貨主可裝載長榮海運的船。

但是，自雙方正式簽定協議以來，遠東運費同盟從未實現先前的承諾。

爲了這件事，我和日本郵船的山田副會長在東京見了兩次面。第一次他答應我一定會通知日本貨主，到了第二次我又提及的時候，他卻回答說：「很困難！因爲如果我們通知貨主，即構成違背反托拉斯法等問題。」

我認爲這僅是推托的藉口，由此可見運盟一開始就沒有誠意，在約束長榮的同時，對於自身所應履行的義務卻避重就輕，運盟自己當初所立下的口頭承諾，到後來卻可以不算數，對於確實遵守協定內容的長榮海運，實在不公平。

雙方的關係逐漸惡化，運盟甚而對外發布有關長榮海運的不實消息，並於一九八四年七月片面對外宣布提前終止「君子協定」。

對於運盟罔顧誠信的做法，長榮海運深感不滿，也隨即在全世界媒體發表聲明

## Evergreen Line Regrets Termination of Agreement with the FEFC

Evergreen Line has been informed by the Far Eastern Freight Conference that the agreement between them has been terminated. We have seen a text of the press release which has been sent to all of the Conference members. This contains a number of misleading comments, with which Evergreen does not agree. The purpose of this press release is to set out the position as seen by Evergreen Line.

It is with regret that Evergreen Line accepts the decision of the Far Eastern Freight Conference to terminate their agreement on cargo volumes and freight rates.

Since the original agreement was signed in May 1982, -the two parties concerned have endeavored to make the arrangement function in the way originally envisaged. It had been hoped that the agreement would bring stability to the trade: unfortunately this has not happened. It had been intended that the agreement would cover all FEFC North Europe trades, including Japan/Europe, but in practice, this has not happened. Evergreen Line still believes that the original agreement was well-conceived and is sorry that the FEFC feels unable to match the spirit of the agreement with action.

In 1981, the FEFC was faced with a dilemma. Maersk Line had indicated that it would withdraw from the conference unless it was granted greater loading rights. The FEFC turned to Evergreen Line which, in the interest of trade stability, decided to limit its liftings in exchange for access to conference shippers' cargo.

The FEFC agreed that conference-contracted shippers would be able to use Evergreen Line vessels without prejudicing their conference contracts. Evergreen Line would base its tariff on the FEFC tariff, less 5 percent except in Japan, which would be less 10 percent.

Evergreen Line regarded access to Japanese cargo as essential since Japanese shippers are extremely loyal to the conference. However, the FEFC advised Evergreen Line that, for vague legal reasons, Japan could not be included within the written agreement. Instead, the two parties came to a verbal agreement with respect to Japan, prior to the signing of the written agreement.

Since July 1982, Evergreen Line has endeavored to book Japanese conference cargo both eastbound and westbound, but with little success. Shippers have been told by the FEFC lines to continue to regard Evergreen Line as non-conference and that any shipper using Evergreen Line sailings would be in breach of its FEFC contract. Consequently, Evergreen Line has now been forced to rely on those non-conference shippers for its Japanese liftings.

Over the past year, there has been a steady deterioriation in Evergreen Line's relationship with the FEFC. The original spirit of the agreement seems to have been forgotten. The FEFC had stated at the beginning that it would endeavor to clarify the legal points which, apparently, prevent Japan being included in the written agreement: in the interim, the verbal agreement would be honoured. Evergreen Line has repeatedly asked about progress on this topic and has received no answers. Now, the FEFC has decided that nothing can be done. Furthermore, the verbal agreement which was once accepted, appears now to be non-existent so far as the FEFC is concerned.

Evergreen Line would also like to state that at no time has it really been satisfied with the flow of information received from the FEFC. It has not been consulted on matters pertaining to the trade despite the fact that its agreement was supposed to aid stability in the trade. Instead, it has only been advised of FEFC decisions in retrospect and has been obliged to abide by such decisions. For example, the Line has never been advised of SCQ's (Special Commodity Quotations) agreed by the FEFC until well after the event.

It is clear to Evergreen Line that the FEFC no longer wishes to honour the spirit of the agreement: rather, it wishes to penalise Evergreen Line according to the strict wording of the written agreement whilst ignoring the verbal agreement. For example, it wishes to include that cargo lifted to and from Japan by Evergreen Line within the terms of the written agreement, despite claiming that the agreement could not be extended to cover Japan, and thereby denying Evergreen access to Conference cargo. This is clearly unacceptable to Evergreen Line.

Evergreen Line would like to state again that it still wishes to see the agreement operate in the way originally envisaged. However, it must accept the fact that any agreement requires the wholehearted support of all signatories to it. In retrospect, Evergreen Line can see that such support was not forthcoming from all quarters and doubts whether the agreement could ever work, given the obvious reluctance on the FEFC's part to include Japan.

Looking to the future, Evergreen Line would like to advise all of its customers that the FEFC's decision to repudiate the agreement does not affect the company's operations, either now or in the future. Sailings to and from the Far East will continue to be maintained at 10-day intervals: with effect from September, these sailings will be as part of the Round-the-World service, utilising 2728 TEU container vessels.

Local agents will be contacting customers in due course to advise them concerning new tariffs which will no longer be directly related to those of the FEFC.

長榮海運終止「君子協定」的英文聲明

終止「君子協定」，並澄清事實的眞相。

## 長榮海運與遠東運協（遠東運費同盟）終止協議

關於遠東運務協會通知長榮海運公司終止協議，對其會員公司所發布歪曲事實之新聞，長榮海運公司絕不同意，現特就其嚴正立場發表聲明。

長榮海運很遺憾地接受遠東運協宣布決定終止有關裝載貨量與運費的協議。

蓋自一九八二年五月簽約以來，雙方雖均曾努力欲達成協議之功能，期藉此穩定市場。然很不幸卻事與願違。該協議原本涵蓋所有遠東運協北歐市場，包括日本—歐洲航線，但實際上並非如此。長榮海運仍然深信協議當初構想很好，只是遠東運協未曾配合協議精神而採取行動。

由於一九八一年遠東運協陷入進退失據之困境，麥司克輪船公司宣稱除非擴大其裝載貨量之權利，否則退出遠東運協。當時遠東運協轉向長榮海運求助其穩定市場，長榮海運毅然決定限制其裝載貨量，以換取遠東運協貨主的貨物，並承遠東運協同意其運協貨主得將貨載交由長榮海運承運，而不違反其與運協所簽訂之合約，長榮海運可照遠東運協運費表減百分之五收費、日本地區減百分之十收費。

因長榮海運鑑於日本大多數貨主對遠東運協非常忠實，故以能夠交換獲得日本

運協貨主的貨物，作爲長榮海運與遠東運協協議的基本條件。然而遠東運協卻以日本法律爲理由，無法將日本地區列入正式協議條文之內，不過在簽約之前，口頭上答應長榮海運，雖然不能將日本地區列入協議條文內，可是日本運協之貨主，如將其貨載交由長榮海運承運，遠東運協將不採取干涉行動。

然自一九八二年七月迄今，長榮海運對日本地區進出口運協貨主的貨物，雖努力攬收，卻無法攬到。因爲遠東運協告知日本運協貨主，認定長榮海運爲盟外船，任何裝載長榮船隻之舉，即屬違反與遠東運協所簽訂的合約。所以結果，長榮海運在日本地區仍只能裝載非運協貨主的貨物。

過去一年來，長榮海運與遠東運協關係逐漸惡化，致使該協議喪失原有的精神。這完全肇因於在簽約之後，遠東運協宣稱將致力澄清日本法律問題（這也是遠東運協在簽約之前引以爲由，不將日本列入協議條文內之藉口）。在此同時遠東運協向長榮海運說，原來口頭上的承諾，是有效的。換句話說，日本運協貨主如將其貨載交由長榮海運承運，將不受處分。但事實上並非如此，長榮海運就此問題屢次向遠東運協追詢，卻未得到答覆。現在遠東運協終於通知長榮海運日本問題無法可施，這對遠東運協來說，無疑地將其原來對長榮海運所作的口頭上承諾，一筆勾銷。

同時長榮海運對遠東運協提供資料之管道，一開始即表示不滿。雖然協議目的在於穩定市場，但遠東運協從未與長榮海運協商穩定市場問題，一切均由遠東運協片面決定，再通知長榮海運遵守。例如，遠東運協從未事先告知長榮海運就自行決定減價措施——即實施特殊優惠費率，而是在事後才告知的。

很顯然地，遠東運協對履行協議的精神並無誠意，而只是根據協議上片面條文刻意要處罰長榮海運，竟然不顧對長榮海運有關開放日本市場口頭上的承諾。例如，遠東運協根據協議條文，將長榮海運在日本地區所裝載進出口的貨量，包括在限制裝載貨量內，但又宣稱協議範圍不能延伸至日本地區，也就是說否定長榮海運可裝載其日本運協貨主的貨物，推翻其口頭承諾，這絕不是長榮海運所能接受的。

長榮海運茲此特敬謹發表聲明，仍希望協議能繼續實施下去，惟該協議必需獲得所有簽約者的全力支持。但是依過去情形來看，此項支持並不存在，協議是否能繼續實施，仍是一大疑問，因爲遠東運協始終不履行開放日本市場的諾言。

所以長榮海運願在此敬告所有海內外貨主，遠東運協決定終止協議，並不影響長榮海運現在與未來的營運，遠東—歐洲航線仍維持每十天一航次。自七月下旬起，長榮海運將使用可裝載二、七二八個二十呎貨櫃之全新G型貨櫃船，開闢東西

雙向環球航線，仍將如期開航。

長榮海運各地分公司與代理行並即將與所有海內外貨主接洽，告知新的運費表。

**長榮海運公司　謹此聲明**

「君子協定」瓦解之後，運盟還對外放風聲要控告長榮海運違約攬貨，要求我們賠償八〇〇萬美元的鉅額違約金。對於運盟採取這種蠻橫、欺騙和恫嚇別人的作法，長榮一點也不會妥協，如果運盟眞敢提出告訴，長榮也絕不示弱，將提出具體資料，反控告遠東運費同盟沒有履行承諾。

後來，運盟也不敢進一步採取行動，這件事情也就不了了之。

# 四、無遠弗屆

## 橫越大西洋，開啓環球航線

長榮海運把既有的航線陸續貨櫃化，又成功地打進歐洲市場，在航線網路上早已遍佈歐洲、美洲和亞洲。如今只要再橫渡大西洋，就可連成航行世界一周的環球航線了。

事實上在長榮既有的服務航線中，美洲方面包括美國東、西岸及中南美各港口，歐洲方面在荷蘭、比利時、德國、英國及地中海各國等，皆有長榮的船隻定期泊靠。

如果再跨越大西洋連接兩邊的航線，只要增加一週的航行時間，就可形成一條環球航線，減少重複靠港，大大地降低了運航成本與時間，並使得貨櫃的調度和運

送更加靈活。

站在服務貨主的觀點來看，此航線的開闢對於貨主的產品輸運更有彈性，貨主可搭配其倉儲及進出貨時間，便利運送、調度歐美兩邊的貨品。

大西洋航線過去從來沒有遠東的船公司加入，一直是由美國和歐洲等西方船隊稱霸，對這個原已競爭激烈的市場，亞洲的船公司想要插足是難上加難。

但我的想法是，西方國家的船公司可以自由地進入亞洲市場，何以亞洲的船公司就不能打入大西洋市場呢？所以，開啓環球航線對我而言，具有重大的意義，我也很有興趣接受這項前所未有的挑戰。

記得在長榮海運開闢歐洲航線之後，有一次我到英國地區視察業務，英國《商務日報》（*JOURNAL OF COMMERCE*）一位資深的海運記者KENNETH BROWN（和我頗爲熟識，現在已經過世了），特地前來看我。

他告訴我：「你實在是相當勇敢，敢挑戰這樣一個百年來全世界最強悍的運費同盟，百年來從來沒有人有辦法打倒它，從全世界盟外船公司的紀錄來看，只有長榮海運一家打進這個市場，而且獲得了成功。」

全世界各航線的運費同盟組織型態，如中東航線、中南美航線、歐洲航線等，

完成歐洲航線的開闢後，張榮發心中早已擬定進軍大西洋航線的構想

長榮海運都是第一個以獨立營運身份打破其壟斷局面，並經營良好；也因此改變了以往世界各航線以運盟爲主的海運經營模式，使得海運市場的機能更加自由化與合理化，服務客戶的觀念開始受到重視。

這位記者接著以試探的口吻問我說：「你計劃下一步要開闢什麼航線呢？」

我回答他：「沒有啊，目前就是針對新開闢的歐洲航線加強業務而已。」他聽了之後搖搖頭，笑著對我說：「不可能的，你的計劃絕不僅如此而已，我猜想，長榮海運的船隊下一步一定會橫越大西洋。」

其實當時我心裏就已經構想要整合長榮既有的航線以連結成環球航線，只是還沒有告訴任何人。所以當他一語道出我心中的計劃時，不禁讓我感到十分訝異：「這個BROWN眞是厲害，對我經營海運事業的企圖心和前景規劃眞是瞭如指掌。」

不過，我還是笑笑的告訴他：「經營目前這些航線就已心滿意足了。」但是，這個答覆顯然沒有動搖他的看法。

他仍很篤定的對我說：「你是個不斷動腦筋、不斷有新IDEA的人，不會輕易就此打住，我敢預料，你下一步的計劃一定又會刷新海運界的紀錄。」

雖然當時我並沒有肯定的回覆他，但他還眞的是料中了。

## 強化配合環節，提供一貫服務

有了開拓環球航線的想法後，我在一九八一年成立專案小組，開始進行籌備工作，著手市場調查。

那時大西洋航線佔盡地緣優勢的同盟船公司，如SEA-LAND、HAPAG-LLOYD、U.S. LINE、ACL、DART LINE、JOHNSON SCANSTAR、LYKES LINE、GULF-EUROPE EXPRESS、EURO-PACIFIC等九家公司，即佔此航線船噸量百分之六九．六一，計七七二、〇〇

○多TEU。另外，盟外船公司POL、TFL、CAST LINE等佔了百分之三○．三九，計三三七、○○○多TEU，光看這些數字，就可知其競爭激烈了。

大西洋航線過去一直是美國和歐洲等西方輪船公司所獨佔的航線，長榮以第三國航運公司（CROSS-TRADER）身份進入這個航線，已知將面臨一番艱苦奮戰，並大大有別於長榮其他航線均以遠東爲基點，享有地緣之便的營運方式。

因此，長榮海運除了對這些船公司的營運狀況深入了解外，在貨主方面，更下功夫去訪查他們對這條航線的服務需求，期以誠懇的態度以及有別於其他業者的一貫服務，來爭取他們採用與歐美無淵源的船公司。此外，並利用我們在歐洲及美國航線所奠定的基礎，加強拜訪原有的客戶，向其推薦新增的大西洋航段，以及雙向環球航線服務。

環球航線的觀念萌發於一九八○年代，雖然有船公司曾經嘗試開闢單向航線，但都沒有成功。我深入地思考其困難點，把任何可能招致失敗的因素尋求出解決的方法。我將全球每個據點的作業流程和銜接環節，都再三予以強化，像是碼頭配合作業、貨櫃的流通管制、船隊的調派和船期的掌控、業務的規劃推廣、全球資訊網路的連線等。

記得那時美國公司及歐洲各代理行身負重任，承受的壓力相當大，台北總公司也召集全世界分公司及代理行，共同研議業務發展策略和運航執行細節。

此外，我認爲環球航線的運作能否順暢，其他相關周邊配備的完善也佔了很重要的因素。在船舶方面，自一九八二年起，長榮開始委託中船及日本造船廠，建造二十四艘新式全自動化的G型全貨櫃輪。

G型全貨櫃船的貨櫃裝載量爲二、七二八TEU，船上皆裝置最現代化的航儀設備，船員人數只需配置十七人，堪稱爲當時世界上頂尖的貨櫃船舶。

隨著船隊的編列擴大，貨櫃的需求

張榮發於日本尾道造船廠試俥長榮G TYPE船舶

量也勢必大幅增加，爲了配合艙位及貨主裝卸貨使用，以及平時的修護、保養和汰舊換新，公司有必要成立貨櫃製造廠。

因此，一九八二年長榮在高雄成立長榮重工公司，剛開始是以貨櫃修理及翻新爲主，是當時遠東地區最大的貨櫃整修廠；同時在中壢興建以生產貨櫃、貨櫃零件、車架與特種拖車等爲主的製造工廠。

且爲因應海運貨櫃化運輸的急速發展，並未雨綢繆基隆港腹地的限制，一九八三年我們開始籌設長榮貨櫃公司，並在桃園南崁興建遠東地區最大的內陸貨櫃集散場，以便利貨主提櫃、還櫃及

配合環球航線的開闢，長榮集團在桃園南崁興建遠東地區最大的內陸貨櫃集散場

裝卸貨物等。

在內陸運輸方面，長榮運輸擴充車隊，並增購車架等相關設備，以配合船舶靠港時間，發揮運送的效率。另外也籌備設立「立榮海運公司」，專責近洋等區域航線服務，搭配長榮海運的全球性網路，呈現給客戶一氣呵成的長榮服務系統；唯有這樣才能嚴格掌握每一個服務環節的品質及效率。

我的計劃是在一九八四年同時開闢東、西雙向航線，初期將派遣十六艘G型全貨櫃輪行駛，航程暫訂爲八十天，每十天一航次，接著再以二十四艘G型新船投入，班次調整爲每七天一個航次。東向環球航線是沿著遠東—美國—歐洲—遠東，環繞地球向東航行；西向環球航線的航路則是沿著相反的順序，向西航行，形成東西兩線船舶對開的態勢。

環球航線主線灣靠的國家計有台灣、日本、韓國、香港、新加坡、馬來西亞、英國、德國、荷蘭、比利時、法國、西班牙、美國、牙買加等國，以母船直接行駛泊靠世界各主要港口；此外，我們在每一區域發展接駁航線，強化支線服務，各航線緊密配合，輸送網路遍及全世界各城市。

## 舉世創舉：環球雙向航線

開航計劃以及籌備工作完備後，我在一九八三年年中召開記者會，正式對外宣布長榮海運的這項舉世創舉，引起了全世界業界的震驚。

世界各國的海運專業媒體，都以大篇幅專文報導此事，各地的海運業者也都對長榮的這項決定議論紛紛，不僅視之爲極大的冒險，很多人甚至預測長榮海運此舉將招致失敗。

有些業者還當面告訴我：「遠東運費同盟在歐洲市場上，已經因爲長榮海運的加入而節節敗退，美國線的貨載，長榮亦是居於前茅，大家心中早已不滿。如今長榮海運居然又以亞洲船公司的身份，想要躋身於大西洋航線，和當地歐美貨櫃輪船業者搶地盤，實在是太過大膽。因此，他們早已摩拳擦掌，想要趁長榮海運一舉開闢雙向環球航線時，以他們認爲長榮的資金、業務、公司結構、人力等各方面，是最爲脆弱的過渡時期，給予長榮狠狠的痛擊！」

長榮在籌備環球航線時，市場上也興起各種謠言，例如長榮海運面臨財務危機、員工薪水發不出來等繪聲繪影的說法，甚至有些代理行擔心我們付不出錢來，還特地到公司來查證傳言是否屬實；此外，還有業者言之鑿鑿，傳言長榮孤注一擲開闢環球航線，勢將一敗塗地，企圖動搖長榮的軍心。

1984年7月22日在基隆港舉行環球東向航線首航典禮，由「長園輪」擔任首航任務

1984年，張榮發率領他的綠色遠征軍航向全世界

環球航線西航首航任務由「長智輪」擔綱

儘管同業間的恐嚇、警告不斷，我也不以爲懼，並提醒員工不要自亂陣腳，中了別人的圈套。

因爲，長榮既有的美國航線、歐洲航線營運情況相當良好，在航線的整合並降低成本的效益之下，新增加的大西洋一段，我們早已將其成本分攤掉，這一段的貨載收入，只要夠支付油料費用就可以了。初期我們也做好不賺錢的準備，但我相信以長榮先前所奠下的穩定基礎和實力，必然能夠提供更符合貨主需求的服務，長期營運下來，終能在市場上佔有一席之地。

一九八四年七月下旬，長榮海運分別以「長園輪」（EVER GARDEN）及「長智輪」（EVER GENIUS）首航東、西向環球航線，並於七月二十二日、三十一日在基隆港舉行首航典禮。

此一創舉，不僅開啓世界海運史的新頁，長榮海運更自一九八五年起，躍居爲全世界最大的貨櫃船公司，自有船隊規模達五十餘艘，貨櫃總承載量約十萬TEU。

## 削價競爭，謠言攻勢

當我們開始航行大西洋航線初期，其他船公司都非常的緊張，不敢對長榮海運掉以輕心。外國船公司甚至共同包抄這條航線，並採取削價策略攬貨，企圖讓長榮海運無法攬到貨載。

但是我們並不理會他們這種惡性競爭的作法，仍然以長榮自己的經營方式照常收貨。

那時一個航次大約可以攬到一千五百TEU的貨載，初期有這樣的成績，已足夠負擔營運成本，我堅持不削價跟進，因為一旦我們也降低運費，別家公司又一定會繼續跟著殺低，這樣便會造成惡性循環的現象，招致兩敗俱傷的局面。

在長榮開闢環球航線一年後，竟連續幾個月又遭受外界一連串的謠言攻勢，像是：

——謠傳長榮環球航線貨載量嚴重低落，甚至只有一個實櫃，其餘均為空櫃。

——長榮船舶靠港時，謊報船上已被預置定時炸彈，使當地消防及防爆人員白忙一場，船期也因而延誤。

——向長榮往來的貨櫃場散佈謠言，指長榮財務困難，不應與長榮做生意。

——向國外各界謠傳長榮關係企業因財務困難，已實施裁員。

——一家輪船公司向日本三和銀行指稱長榮周轉欠佳，請其勿提供造船貸款給長榮，並透過該銀行通知其他銀行。

——向海關謊報長榮船上藏有槍枝，浪費海關人力與船方時間，使客戶延誤領櫃時間及影響長榮服務形象。

——謠傳長榮因投資不當，過度擴充船隊與貿然興建全國最大的貨櫃集散站，所以不斷向員工及船員吸收資金，以挽救倒閉危機。

看這些洋洋灑灑的例子，就可以知道，中傷者可以說是無所不用其極。

任何事業在市場上造成競爭在所難免，但我認爲，若因此而能促進市場機能的合理化，同業間能以良性競爭的方式，日求進步，對社會大眾亦是可喜之事。若是採用不光明、不正當的方法打擊別人，到最後的結局將會自食惡果。

## 化敵為友，邀義聯營

長榮海運爲了配合環球航線的開闢，加強許多區域航線的服務，其中一項即爲增加地中海—美國東岸航線。

由於之前長榮海運成功地打進地中海和歐洲市場，使得一向壟斷該航線的遠東

運費同盟早已把長榮視之爲大敵，現在長榮又開闢地中海到美國東岸航線，競爭者爲了阻撓長榮海運在地中海地區攬貨，又開始在該地區散佈謠言。

謠言中指稱：「長榮因爲得到台灣政府的鉅額資助，在運價上得以大幅削價，與其他船公司競爭。以一九八五年的義大利—台灣航線的承運量爲例，義大利國營輪船公司只佔百分之八，而中華民國（尤指長榮海運）卻達到百分之七十，而由台灣至義大利的航線，中華民國佔百分之五十，義大利佔百分之七……。義大利、西班牙、西德、法國和英國，將對長榮海運『瘋狂的運費政策』採取共同對策……。」

這些謠言引起了義大利國營輪船公司的恐慌，由於該國營輪船公司貨載情況一直不佳，因此將矛頭對準了長榮海運，立即向義大利政府反應這種現象，希望由政府出面，採取斷然的措施，阻止長榮海運繼續在義大利攬貨。

義大利政府對國營輪船公司的這項訴求非常重視，於是參照南美的保護主義政策，打算採取嚴厲的手段，以立法來限制長榮海運在義國的載貨，保護其國營輪船公司免受長榮海運跨國營運的威脅。

義大利政府擬定的新法中，將准許義國政府，有權對被控作不公平競爭的國家其船舶所裝載的貨品，從事全面管制或監督。

當公司接獲這個消息之後，感到事態嚴重，想不到那些惡意攻擊長榮的行動居然越演越烈。

如果義大利政府一旦立法限制長榮海運在當地的載貨業務，不僅造成雙方的損失，也加深彼此的誤會，對該國營輪船公司的業務並無任何幫助，反而助長了市場的混亂。

因此，我即刻派遣公司主管赴義大利，向義國交通部詳細闡明一切，並提出相關的證據，讓當地政府了解事實的眞相，澄清長榮海運被惡意中傷的不白之冤。

爲了表達長榮的誠意，並讓對方明瞭長榮的作法，後來我乾脆邀請義大利國營輪船公司，和長榮海運一起聯營這條航線。

在聯營的合作過程中，對於長榮海運的市場經營策略和報價內容，該公司都可以一目了然，進而確實了解長榮的行事作風，正如對外所言，一點也不使詐、耍伎倆。

後來，義大利國營輪船公司查出別家業者削價競爭的事實，於是便向交通部報告實際的情形，義大利政府這時才了解，長榮海運從來沒有如謠傳所謂的惡意削價行爲，也不是造成該國營輪船公司攬不到貨的根本原因，這次事件至此才告落幕。

從創立到完成環球航線，長榮曾經締造台灣及世界海運史上多項第一的紀錄

由於義大利國營輪船公司本來是運費同盟的會員，當時爲了和長榮海運聯營而脫離運盟組織，曾引起軒然大波。

運盟擔心一旦義大利國營輪船公司和經營良好的長榮海運聯營後，營運狀況必定會穩定成長，這樣對長榮海運就無法產生打擊的效果。其他的運盟船公司也會循著這種模式，找別家船公司共同聯營，以求在市場上繼續生存、競爭，如此一來，對於運盟內部將造成衝擊。

義大利國營輪船公司自從和長榮海運共同聯營地中海到美國東岸航線後，該公司的經營漸漸步上軌道，並開始有盈餘，一反之前長期處於虧損的狀態。

由於該公司和長榮海運合作十分愉

快，財務狀況也獲得改善，因此對長榮的經營具有相當的信心。

後來，該集團旗下的另一家國營輪船公司，也陸續要求加入長榮海運的遠東—地中海到以及遠東—西北美等航線，雙方共同派船聯營，延續友好的合作關係。

## 經營穩健，追求卓越

從一九六八年創立到一九八四年完成環球雙向航線的創舉，長榮在十五年營運歷史中，曾經締造台灣及世界海運史上幾個第一的紀錄，例如在台灣地區是最先開闢中東定期航線、中南美定期航線、全貨櫃定期航線、地中海定期航線等的船公司；也是全球第一家打破百年來運盟壟斷遠歐航線的船公司，以及第一家橫越大西洋的亞洲船公司等。

儘管如此，「第一」並不代表「冒險」。長榮以經營穩健著稱，一向不做沒有把握的事，在這些成功事實的背後，長榮的管理上軌道，工作成本力求合理化，以及對人才的重視和培養，才是最重要的原因。

雖然長榮海運已完成環球東、西向航線的創舉，亦陸續建立地球南北向的服務網路，但如何永保競爭力，仍是我不斷研究思考的問題。

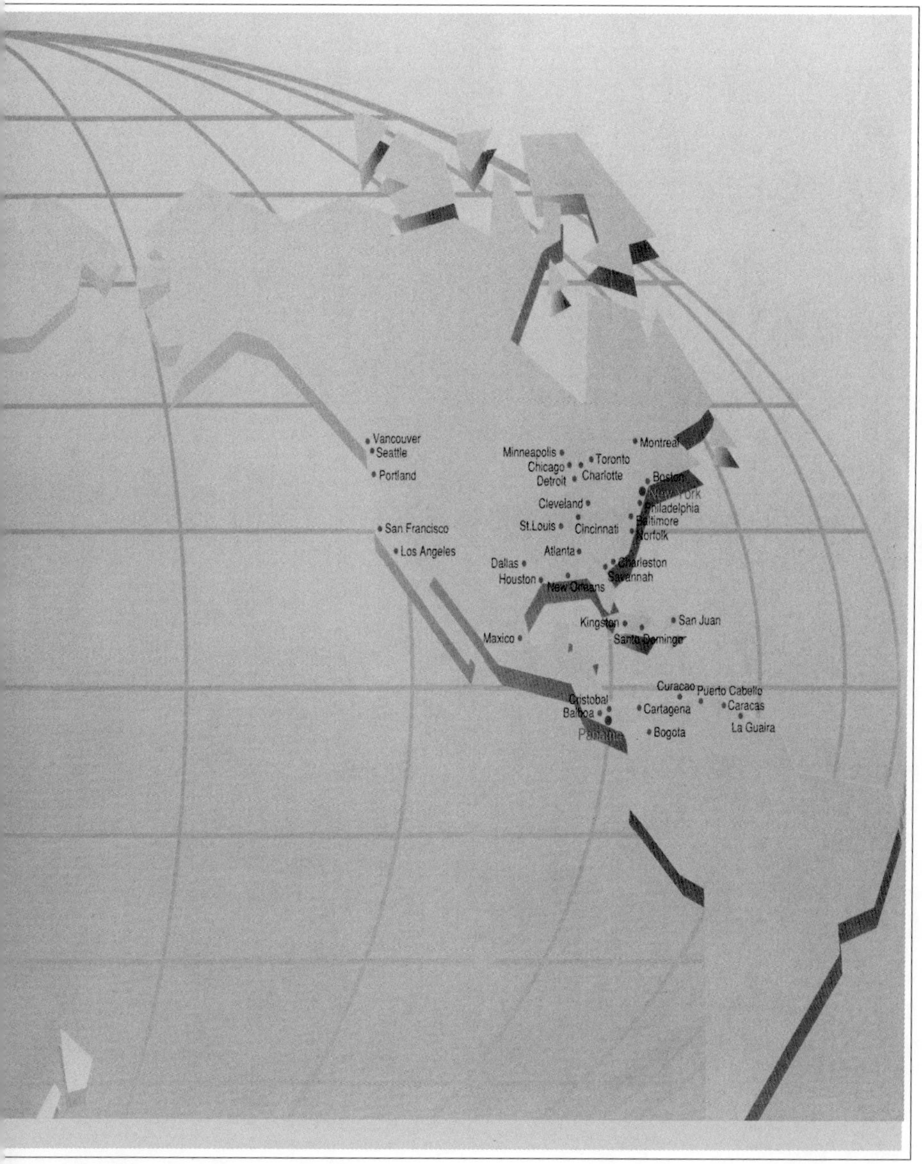
Vancouver
Seattle
Portland
San Francisco
Los Angeles
Minneapolis
Chicago
Detroit
Toronto
Charlotte
Montreal
Boston
New York
Philadelphia
Baltimore
Norfolk
Cleveland
St.Louis
Cincinnati
Atlanta
Dallas
Houston
New Orleans
Charleston
Savannah
Kingston
San Juan
Santo Domingo
Maxico
Curacao
Puerto Cabello
Caracas
La Guaira
Cristobal
Balboa
Cartagena
Bogota
Panama

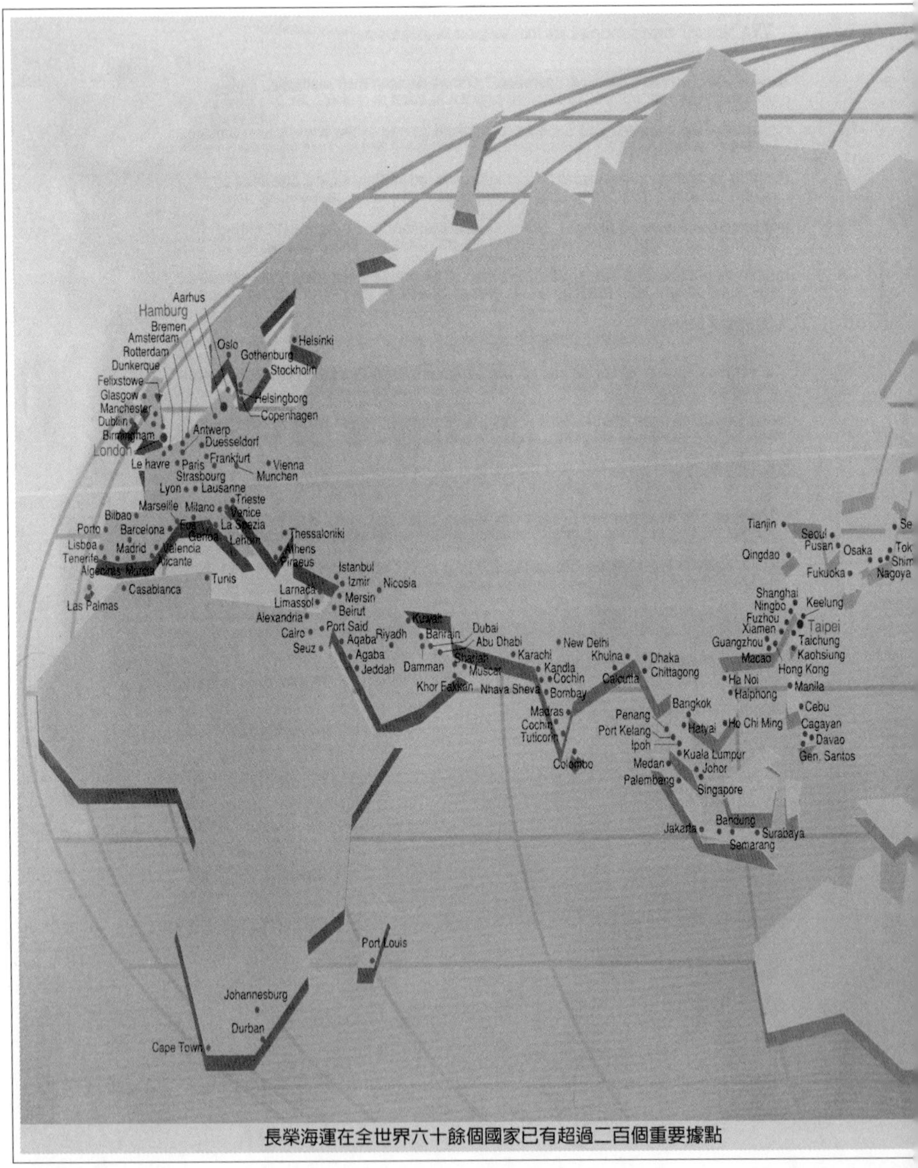


長榮海運在全世界六十餘個國家已有超過二百個重要據點

# 第6部
## 展翅青天

一項單純的市場競爭，
竟然歷經無數的辛酸周折！
爲飛航品質而耗盡衆人心血的長榮航空，
終於飛出了中國人的驕傲！

# 一、民族事業

## 開放天空，世界潮流

長榮海運在一九八四年開闢世界上史無前例的東、西雙向環球航線之後，長榮海運在全球的海運、陸運網路，可說已經完備。但是我的腦子總是不停地在尋找下一個突破點，本來我早有構想，利用海運的基礎延伸航空運輸業務，將海、陸、空的服務作一整合，但是當時卻因政府未開放國際空運市場，因此這個構想只好作罷。

但是客觀環境的改變，「開放天空」已然成爲各國政府爲保有在航空市場一席之地的當務之急。

像美國於一九七八年宣布實施民航解除法案（DEREGULATION ACT）；日本於一

九八七年開放國際空運業務，容許除日航、日亞航以外的全日空和東南兩家國內航空公司經營國際航線。韓國、香港也在一九八八年准許第二家國際航空公司成立，還有其他許多國家亦紛紛跟進。

各國政府除鼓勵第二家國際航空公司設立，並採取如航權重新安排、協助資金籌措、給予優惠利率等措施，藉以扶持新公司在競爭激烈的國際市場中，迅速奠定基礎並佔有一席之地。

過去台灣僅有華航一家國際航空公司，但是八〇年代以來台灣的經濟發展迅速，國人出國商務考察或旅遊的頻率逐年大幅提升，一家國際航空公司早已不敷需求。

在世界各國都正加緊腳步，提升其在國際航空市場上的競爭力時，我國交通部面臨這些衝擊，爲趕上世界潮流，終於開啓了緊閉四十年之久的航空事業大門，於一九八八年正式發布了「開放天空」政策。

## 為中國人爭一口氣，籌設「長榮航空」

當時海峽兩岸中國人所經營的航空公司，由於服務品質不佳、飛安頻出狀況，

被國際間評爲全世界最差的航空公司。

「我相信中國人一定可以做出世界一流的航空公司。」爲了要扭轉國際人士對中國人經營航空公司的印象，在徵詢各有關單位原則上支持的情況下，我決定籌設一家國際航空公司，以建立世界一流的服務水準，讓世人對中國人刮目相看。

我認爲，籌設一家國際性航空公司，不僅可藉此讓國人享受高品質的飛航服務，更可爲社會提供眾多的就業機會，這也是回饋社會的一種方式。

衡量主客觀因素後，我個人決定親自出馬，爲提升國內的航空事業盡自己的心力，並在公司內部成立一航空籌備小組，開始進行規劃。

我選在一九八八年九月一日——長榮海運二十週年慶這個特別日子裏，向來自全世界各分公司、代理行的同仁和代表們，宣布這項重大的計劃，希望大家以長榮海運在全世界所奠定的良好基礎，同心協力讓長榮的航空事業揚名海外。同一天，我們即向民航局正式提出申請籌設經營國際客、貨運之航空公司。

當時我預料將會面臨的考驗，應該只有單純的市場競爭罷了。沒想到長榮集團正式提出申請後，才體認到其中眞正的難題，不是單純的商業競爭，而是久未修正、相互矛盾的民航法令，以及背後的政治角力問題。

張榮發於長榮海運20週年慶祝酒會上正式宣布將申請籌設國際航空公司

政府態度自一開始就顯得搖擺不定，先是將長榮航空的申請案積壓著，遲遲不予回覆；後來，交通部官員對我說，鑑於飛安的考量，長榮剛開始只能先申請航空貨運。

但是我並不認同這種說法，因爲旅客的生命重要，兩三個機員的生命也同樣不能輕忽，我不會因爲經營貨運，就不注重飛航安全。

從經濟效益層面考慮，客、貨運一起經營可以節省成本，若只經營貨運，相對地成本就會提高許多，營運管理也無法做彈性的運用。航空事業的管理成本和海運一樣，一架飛機和十架飛機，都是一套作業，若同時有客、貨運班

次，人力適當調配運用，就可以降低成本。

一家新航空公司從開始籌設、訂購新機到交機、人員培訓養成、購置建設各種軟硬體設施，到完成各項準備工作，至少也要三、四年以上的時間。

航空事業是龐大又複雜的投資計劃，事先要詳細的研究規劃，所以在時間的掌握上相當重要，如果政府只開放貨運，三、五年後整個大環境改變，到時候才再開放客運，就爲時已晚了。

我向交通部說明當時國際間的航空業趨勢，以及我們的營運規劃和成本考量等，證明長榮並不是毫無根據向政府爭取同時開放客、貨運，希望政府能夠明瞭業者的用心和困難點。

交通部把長榮所持的理由，再次向行政院提出報告，行政院才指示經建會研究評估。

經建會完成研究報告，送呈行政院做裁示，再經過交通部和專家、業者溝通討論，並對外舉辦說明會之後，終於在一九八九年一月十七日公布了國際航空客、貨運公司的申請條件，長榮立即再次具備各項相關的資料和計劃書，向民航局提出申請籌設甲種民用航空運輸業。在這期間卻也惹來有心民代的刻意扭曲，指稱交通部

同時開放客、貨運，是針對長榮而訂定的辦法。

辦法公布時，國內有多家企業符合資格，但除了原來就已提出申請的長榮集團外，其他符合申請條件的企業，都沒有表示投資航空事業的意願和興趣。

從長榮第一次提出申請籌設，到政府法令公布生效，已經過了近五個月的時間。在這段期間，單是飛機的造價就上漲了百分之十，一架客機要增加一千多萬美元的成本，而我們只能眼睜睜的看著飛機一天天漲價，不能採取任何的行動。

在申請過程中，有業者從中作梗，加上有心人士的詆毀，指長榮享有特權，並利用輿論向政府施壓，意圖封殺長榮進入航空市場。

記得過去省政府為考慮澎湖未來發展，曾邀請長榮集團投資澎湖觀光事業，由於既得利益者的阻撓，長榮原來想要回饋社會的一番好意，到最後只得放棄，當地的建設和發展計劃也擱置下來，至今毫無進展。

長榮經營的海運事業，在國際上一向以實力和信譽領先其他競爭者，從未畏懼市場競爭的挑戰。長榮集團在海外投資，各國政府都是至表歡迎並全力配合，以促進當地經濟的繁榮；反而在自己的國家裏，不僅得不到支持，甚至還有被扯後腿的情形發生，不禁讓我對國內的投資環境產生無力感，也讓我對於在國內投資如此龐

大的事業，開始萌生悔意。

## 舉步維艱，萌生退意

長榮航空公司的申請籌設案，拖延了六個多月的時間，在一九八九年三月八日接獲交通部的正式核准。但是，那些自始就千方百計排斥長榮航空成立的有心人士，卻對外宣稱長榮是透過李登輝總統向有關單位施壓，才獲准籌設。

「如果總統有施壓，那還需要花半年多的時間才獲准嗎？」我們明明是按照政府的法令提出申請，爲什麼還是有人硬要把長榮航空和李總統扯在一起！

雖然獲准籌設，但是我們從開始申請一路走來的經驗，讓我深刻感受到政府內部的問題，將來勢必會再重複出現。

舉例來說，當時民航局裏面，清一色是擁護華航的人，而民航局的高級官員退休之後，也多轉到華航任職高階主管，兩者之間的關係相當微妙；而且任職華航高階主管的軍階，又往往比民航局官員來得高，民航局官員見到華航的高階主管，反而都要稱其「長官」。加上民航局官員多出自空軍系統，對民航事業的經營是門外漢，所以那時並不是民航局管華航，而是華航指揮民航局。

當時我們為了籌設航空公司，立刻就發動全球的海外據點，廣泛蒐集航空方面的相關資訊，並派遣籌備小組的成員，到國外考察觀摩，實地深入學習，此外更聘請國外著名航空業界的專家協助指導，在在都為了規劃出一家世界一流的航空公司而努力。

然而政府單位卻沒有熟悉民航業的專家，對於我們所提出的計劃書未能深入了解；而當我們向政府建議修訂符合國際潮流的法令時，反對者處處以「特權說」、「圖利他人」等說法誣陷長榮，阻撓長榮航空的各項準備作業。所以當時我有感而發：「政府實在是外行領導內行！」

在這種情形之下，我思考了很久，覺得這樣子下去，前景並不樂觀，因為往後進行每一項計劃都會遇到同樣的阻礙，且開航後還要面對國際上的激烈競爭，內外交攻，公司營運起來勢必會很吃力。在感嘆種種無奈之餘，我內心打定了主意，毅然決定停止在航空事業上的各項計劃和投資。

雖然那時我們已投資兩三億元了，但是長痛不如短痛。拿定主意之後，我就召集長榮航空籌備小組的主要幹部開會，包括鄭金泉、許瑞源、陳和憲、張國政、傅一新、蘇宏義、王宜恭及吳景明等人。

我沉痛地向他們表示：「我已經決定不做了，各項進行的動作都停止，投資下去的錢，就算了！」

我告訴他們，這是不得已的選擇，因為我們所遭遇到的困難，並不是憑著競爭實力可以解決的問題。

我向這些主管宣布停辦航空的消息，對已投注相當多時間、精神和心血的他們來說，無疑是相當大的打擊。當時在場的人員，聽到我的決定後，都不禁潸然淚下。

他們流著眼淚，忿忿不平地說，為什麼我們有滿腔的熱忱，要為我國的航空事業盡心力，卻遭到政府單位及有心人士處處百般刁難和扭曲！大家都覺得心有不甘，「難道要眼睜睜的看著別國的航空公司一天天地超越我們，才不算是『圖利他人』嗎？」

我了解他們心中充滿了委屈與不平，其實我又何嘗不是呢！

過二天後，這些主管又來到我的辦公室，他們央求我說：「讓我們年輕人繼續來完成吧！我們都已經投入到這個地步了，這段期間以來，無論是該讀、該看、該學的東西，沒有一樣不是全心投入、全力以赴的。現在大家都已經有心得了，對航

空的業務，也都抱持著相當大的興趣，現在就這樣放棄的話，實在是太可惜了！」

這些年輕人希望我能改變心意，讓他們繼續做下去。他們叫我不要去理會外面的種種是非，讓他們去打拚、去努力，他們願意扛下所有的責任，繼續爭取、奮鬥，不要我操一點心。

當時我就回他們說：「現在叫我不要操心，等到你們拚不過的時候，還不是又得叫我這個老的出面！」不過既然他們如此有心，我答應他們會再考慮看看。

那天回家以後，我向內人提起，她也勸我停止再做下去，爲了事業已經整天忙碌操勞，而人一輩子也才多久的時間而已，既然有這麼多複雜的問題，就不要再做下去了。

其實我的內心也是感慨良多，但是那些年輕人的信念和用心，以及他們所講的那一番話，讓我一直掛念在心。我考慮了很久，想了很多，我也知道，雖然他們年輕人有勇氣要拚，但是面對如此複雜的政治環境，光靠毅力是克服不了的。

但是既然他們有心打拚，那就讓他們拚拚看吧！不過我想，最後恐怕還是得靠我這個老的出面，才能解決問題。

於是，隔二天一早，我就召集他們到我辦公室來。

我跟他們說：「好，你們自己說要打拚的，你們可要負責任哦。」我是故意這樣說的，我心裏想：「你們是要打拚，但是這並不是打不打拚的問題啊！不過，難得你們這麼有心，那我就陪你們繼續做下去吧。」

念在這些年輕人的赤忱和毅力，我還是成全了他們。之後，大家又開始積極進行各項計劃，如購置機隊、培訓飛航及維修人員、建立服務系統、興建維修棚廠及訓練中心等，大家都有一致的信念全力以赴。

## 依法申請棚廠租地，遭受惡意抹黑

長榮航空公司爲了確保飛航安全，在尚未營運、沒有任何收益的情況下，自行投資了龐大的資金和人力、物力，從事各項有關飛航安全的準備作業。光是在軟、硬體上的投資，初期我們就投下了近百億元。

公司的員工們也都竭盡心力參與、投入，他們蒐集、研讀各項有關的書籍和分析報告，忙碌地穿梭各國考察觀摩，並引進最新的科技技術、管理理念和資訊等。

那時，公司上上下下心中唯一的信念，就是要貫徹「確保飛安」這個重大的使命。

我認爲經營企業首要是，凡事要能夠對得起道德良心，絕對不能做違背天理的事情；尤其經營一家航空公司，對生命安全的要求更是責無旁貸，不僅經營者要有這樣的認知，員工也要了解並確實擔起自己所領受的天命和責任，否則就沒有資格從事這一項行業。

像這種需要投注如此龐大的金額和人力、卻不見得一定會有回收的投資，天底下恐怕只有「傻瓜」，才會這般執著地去做吧！

有關飛機修護棚廠的興建，依照政府的規定，棚廠一定要設在機場裏面，不准業者自行在外購地興建。

長榮航空計劃興建一座最先進的現代化飛機修護中心，特別聘請專家，就中正機場幾處可供選用的地點，作詳細周密的評估，包括地形、大小、場內通行與外界交通的問題、停機坪的腹地及方向、周邊公用設施的延伸、對機場導航系統的影響、對機場發展主計劃的影響、氣候環境及對於機場警戒、噪音、觀瞻等影響。

我們並且參考先進國家航空公司的作法，針對機隊數量擬定維修棚廠的規模；另外也預留空間供未來業務增多時擴充之用。

因爲隨著經貿的快速成長，將來進出台灣的旅客預料會大幅增加，加上國外航

空公司也會選擇中正機場作為越洋航線的轉運中心，因此，我們建議政府，應同時提供充分的土地和預留未來的發展空間給飛航國際航線的長榮和華航，協助業者投資，才能帶動我國的航空事業起飛，促進整體經濟繁榮。

長榮航空在參考各項精確的數據資料，加以審慎評估的結果，發現中正機場南角幅地是最適合發展為第二維修區的地方，對機場飛航輔助設施既無影響，和機場未來擴建計劃也無衝突，當時是做為高爾夫球場用途。因此，長榮航空就於一九八九年三月依法向民航局提出撥租土地的申請。

交通部在當年的八月底核定在過境旅館南側新闢第二維修區，但直到一九九〇年四月下旬，民航局才核准長榮航空第一號棚廠現址用地，當時並同意由民航局投資興建連接第二維修區的停機坪及滑行道，但是必須等到一九九二年度才能夠編列預算辦理，所以勢必趕不上長榮航空原先擬訂的棚廠啓用時間。

由於在配合機隊交機和開航日期上，已延誤多時，長榮航空仍趕緊於當年（一九九0年）十一月開始動工興建飛機修護中心，以免耽誤到飛機的維修保養工作。

不料，當時國內政壇正處於紛亂之際，執政黨內並有所謂「主流」、「非主流」之分別。一九九一年四月，長榮航空棚廠租地案意外地在立法院會中，遭到新國民

黨連線立委的砲轟，指長榮航空的維修棚廠用地，與機場主計劃不符。事實上，長榮航空的維修棚廠地點，原來是中正機場提供給相關單位官員使用的高爾夫球場，在主計劃中並無任何建物及規劃用途。

針對某些新國民黨連線立委刻意藉維修棚廠租地案轟擊長榮航空的動作，其他黨派的立委紛紛對外表示，這是「圍魏救趙」的策略，非主流派企圖以傷害他們所認定的主流派人馬，報復主流派查辦「華隆案」傷及非主流派之舉。

儘管眾說紛云，緊盯著長榮航空不放的新國民黨連線立委接連出招，指控交通部當初修訂《民用航空運輸業管理

新國民黨連線立委藉維修棚廠租地案轟擊長榮航空

規則》中，有關申請設立國際客運航空公司標準，是爲了便利長榮申請而訂的「長榮條款」。

其後，一連串的抨擊和阻撓對著長榮航空而來，連民航局同意興建連接長榮維修棚廠和跑道間的滑行道工程經費也被凍結；爾後又利用航空子、母法牴觸之矛盾及不完備的地方，以租機、許可證等問題阻擾長榮航空開航。

舉例來說，依照《民用航空法》（母法）第四十四條第一項規定：「經營民用航空運輸業者，應申請民航局核轉交通部核准，由民航局發給民用航空運輸業許可證後，依法向有關機關登記，方得營業。」依此規定，民航局早在長榮航空獲准籌設後即應發給我們民用航空運輸業許可證。

而依照《民用航空運輸業管理規則》（子法）第二章第五條規定：「民用航空運輸業應在核准籌設期間內，依法辦理公司登記，並備妥航空器及修護設備後，檢附左列文件一式兩份，申請民用航空局核轉交通部核准，由民用航空局核發民用航空運輸業許可證後，始得營業……。」

當時長榮航空公司獲准籌設已逾兩年，其間除已簽約訂購飛機、獲准租機，並取得國籍登記號碼外，且已建造試飛完成，故已備妥航空器，並完成其他營運之準

備。無論依照母法或子法，長榮航空皆應依法取得民用航空運輸業許可證。

但是有心的民代還是從中百般挑剔、刁難，說我們不合法，也不准長榮航空租用外籍新機開航，最終的目的就是不讓長榮航空如期起飛。

面對接連的惡意中傷，我內心感慨萬分，如果當初堅持不做，就不會讓有心人再趁機打擊了。眞是讓人料想不到，單純爲讓國人揚眉吐氣而經營一家航空公司，竟會招惹這麼多是非，而攻擊我們最力的，竟是我們老百姓自己選出來的民意代表！

## 員工發出「我們的怒吼！」

長榮航空的員工們，歷經了這些時日的辛酸波折，再也按捺不住了，他們激動地要我同意：「我們實在無法再忍下心中的憤怒了，任由那些別有居心的人，一而再、再而三地，讓社會大眾對長榮誤解，進而威脅我們工作的權利，我們一定要站出來，爲自己爭回正義！」

公司員工眼睜睜地看到自己兩、三年來的心血，被有心人士所破壞，因此想挺身而出，將事實對社會大眾表白。

請民意代表勿扼殺民航事業

我們的怒吼！

事實的說明

機場全

長榮航空公司員

長榮航空員工在報上陳情，發出「我們的怒吼！」

事情演變至此，也不見相關單位出來為我們澄清、主持公道，因此，經員工一再懇求，我只好同意員工以自力救濟的方式，在報上刊登陳情聲明。

員工們得到我的首肯，立即在報上以大幅版面刊登心聲：「請民意代表勿扼殺民航事業」，以「我們的怒吼」和「事實的說明」兩部份，來陳述員工內心的不平和事實的眞相。

長榮航空是政府「開放天空」後，第一家獲准籌設的甲種民用航空運輸業，面對眾多法令的研商修改是勢所必然，但是這些修訂，並非只為長榮航空量身訂做，而是適用於未來提出申請的每一家航空公司，就如由華航所投資的華信航空，也是遵照這些法令成立的，為何獨獨將長榮航空當做箭靶？

而航空子、母法令不一致的情形已有十幾年的時間，期間並未有任何單位提出修法，但在長榮航空依據法規辦理相關程序時，卻遭到苛求。

各國的航空事業，都有政府在背後支持，以往華航單獨經營國際航線時，政府對其照顧得無微不至，諸如出資購買飛機，再以低利租予華航使用；興建飛機修護棚廠租予華航；國際航線的機場起降費，華航只需繳納一半的費用；華航開闢中紐（約）、中荷航線，政府均給予航線補貼；有關政府因航權的運用，而向對方收取的

權利金，均由華航收取；此外，華航也獨佔機場的地勤作業。

各國政府在積極扶植第二家國際航空公司的同時，均會將已有的航權重新整合分配，因爲航權是航空公司的命脈，賦予航權才得以生存下去。然而，長榮航空不僅需要靠自己去爭取、突破，甚至還有被完全排除在外的情形。

以香港航權來說，當時台港航線是由華航、國泰兩家航空公司飛航，長榮航空在獲准成立後不久，即以專案呈報主管當局有關台港航線之營運計劃，且多次表達經營這條航線之意願；未料上述二家航空公司卻提早於一九八九年十一月間達成續約，約期長達五年，完全將長榮航空排除在外；儘管我們多次向主管當局陳情，然而當時的主管單位卻仍批准了上述航約，長榮航空完全莫可奈何。

長榮航空全部的投資，一分一毫都必須靠自己去籌措；在各項營運準備作業中，諸如申請維修棚廠租地、飛航等專業人員之培訓、機隊購置到航權爭取等，沒有一項是政府主動予以協助，反而動輒得咎，處處受到有心人士的抹黑，令我們倍感挫折與無奈。

這些有心人士如果真的是爲國家、人民的福祉著想，那麼就應該提出一些有助益的建設性意見，而非純然爲反對而反對。

歷盡重重波折，長榮航空總算在1991年7月1日如期開航

眼看（一九九一年）七月一日的開航日期已經迫在眉睫，但是政府相關單位和少數民代間的爭議仍然沒有獲得解決，長榮航空夾在中間，十分爲難與尷尬。外站的各項準備作業都已經開始部署了，各地也接獲旅客頻頻的詢問，現在若不能趕快進行廣告宣傳，並開始接受訂位，開航時載客的成績一定很難看。

不過，話又說回來，長榮航空將於七月一日開航的消息在各地已是眾所皆知，到時候如果政府臨時變卦不准我們飛，那就要貽笑國際了！全世界大概也找不出第二個例子吧。

一直到六月十四日下午，交通部宣

布長榮航空可如期開航；但是遲至六月二十四日下午，民航局才將民用航空運輸業許可證發給長榮航空公司。

那些從一開始就處處爲難長榮的民意代表這時還是不放過我們，再將矛頭對準交通部簡又新部長，要其收回成命，並威脅要控告簡部長瀆職。

事實上，簡部長早已針對他核准長榮航空如期開航的考量點，對外公開說明。他表示，長榮航空完全依照交通部的法規來申請，一切合於法令，問題是出在於民用航空子、母法有相互牴觸之處，他在考量現實情形之後，爲了顧及國家整體利益，他才做此決策。

那時，如果交通部堅持不准航空公司租用外國籍的飛機營運，反而華航將會有三分之一營運中的機隊——八架客機必須被迫停飛，財務損失將高達二十餘億美元！當時長榮航空所租用的兩架飛機，早已登記爲中華民國籍。

長榮航空事件在國內、外都引起注目，很多外國友人向我表示他們感到非常的訝異與不解，爲何政府和民代不支持自己國人的航空公司，反而百般刁難！

反觀韓國第二家飛航國際線的韓亞航空，在一九八八年二月十七日成立後，同月二十四日即取得許可證，同年十二月用租進的八架飛機正式開航。

雖然是歷經波折，但是終究長榮航空還是於一九九一年七月一日如期飛航了，而我一旦決定做了，就一定會全心全力把它做到最好，我將會以長年經營國際海運事業的用心和積極態度來經營航空事業。正如一句日本諺語所形容的即是這種精神：「渡石橋時小心上橋，一上橋便勇往直前，領先其他人。」

對於長榮航空從申請籌設以來所發生的風風雨雨，我告訴自己，這也許是上天在考驗我吧！要我先通過這些磨練，才有資格去經營這項服務人群的行業。

# 二、飛安第一

## 飛航安全，絕不妥協

長榮航空在開航後短短三、四年時間裏，航點已遍佈亞、歐、美、澳各大洲約三十個重要據點，成長速度在國際新成立的航空公司中實屬少見，這都是因為長榮海運奠下的深厚根基所致。

長榮航空成立初期，我就把一些海運的優秀人才轉調到航空來建立基礎，以延續長榮集團的制度與精神。

每個從海運調來的人都很努力學習，從觀察、閱讀、上課、實習、請益等各方面同時進行，對航空各方面知識的學習和了解，進步的速度和收穫實在很驚人。

以我個人來說，對於海運的知識和經驗，我可以說是相當有把握，但是航空方

靠著不斷地自修及實地查看、驗證，張榮發今日已稱得上是航空事業的內行人了

面的知識，初期可以說是由零開始，我從日本買來許多航空方面的書籍，很認眞地一遍又一遍研讀。

起初我以自修的方法，把航空的各項業務，研究得相當透徹，連書本紙張都被我翻閱得快要破了。我也親自到飛機製造公司、引擎公司以及其他航空公司考察、驗證，幾年下來，已經稱得上是航空事業的內行人了。

因爲我必須先要求自己和公司同步成長，才能在這專業的領域裏繼續領導員工，共同打拚。

我的觀念是，既然要做，就一定要全心全力投入，做出最好的成績，這是我一貫的行事態度。但由於台灣特殊的

長榮航空成立初期，便同時向美國波音及麥道飛機製造公司訂購26架新機

外交處境，航權拓展實非容易，因此長榮航空未來的發展就無法像長榮海運一般，成爲世界規模最大的航空公司。但是我自許，勢必要成爲全球飛航安全及服務品質最佳的航空公司，當長榮航空的飛安和服務品質被國際肯定，才是我值得驕傲的地方。

長榮航空成立初期，就投注鉅資和人力在飛航安全及服務相關的軟、硬體建設上，這恐怕是全世界新成立的航空公司中少有的魄力和遠見，過去百年來從無此例。

以機隊的購置來說，長榮航空向美國波音（BOEING COMMERCIAL AIRPLANE GROUP）及麥道（McDONNELL DOUGLAS

CORP.）飛機製造公司一次訂購二十六架新機，總價款約爲三十六億美元，不僅創下台灣民間企業向美國採購最大宗的紀錄，也是這兩家飛機公司首次與同一買主，在同一個時間、地點簽約。

我堅持購買新機的原因，是爲了能在飛機建造時，就全然依照公司的需求，在機上裝置高科技航儀配備確保飛航安全；在飛機建造期間，我也派人到飛機公司監工，學習最新的技術，養成維修的人才，這樣對將來機隊的修護保養才能全盤掌握。

若是購買舊飛機，其機上原有的配備，並不一定能符合我們的要求，而且無法自新機時就貫徹檢修的工作。

世界上其他新成立的航空公司，初期都只是小規模的投資，租購一、二架新機或中古飛機先行營運，飛機的維修保養工作和人員的訓練，完全委託給別家公司；等到經營累積了盈餘，再慢慢擴大規模，擴充設備和機隊；在沒有獲利之前，絕對不會貿然投注資金在軟、硬體設備上。

唯獨長榮航空，不僅購置嶄新的機隊，在公司尚未營運、沒有任何收益的情況下，就投下龐大的金額興建飛機修護棚廠、飛航人員及空服人員訓練中心，並引進

世界上最新穎進步的設備，這種投資規模並非是「作大」的心態，而完全是著眼於飛航安全及服務品質的考量，尤其若沒有確保安全無虞，我就無法安心地經營航空公司。

除了硬體設備精益求精，在「人才」的要求上也不放鬆，唯有具備精湛的專業技術和敬業精神的「人才」，才能貫徹公司在飛安和服務上的理念。我常向公司的飛航人員強調，應具備有使命感和責任心：「儘管這條航線你已經開過無數次，仍不能掉以輕心，每一次飛航，仍要持著第一次飛航的謹愼態度，來執行飛行勤務。每一項手續動作，都必須確切進行，不得省略馬虎。」

即使我們從事海運業已有豐富的經驗，仍然秉持同樣的精神要求船長，因爲船長肩負著整艘船人員、貨物及船舶的重大責任，務必要貫徹這樣的精神，船的出事率自然可以降到最低。

我規定公司的飛航人員，在每次起飛之前，一定要確認所有的航儀都顯示在正常狀態下才可起飛，一旦發現任何狀況，不管是否爲無礙飛航安全的小問題，都一定要停止起飛，並立即做檢修，直到完全正常才可飛航。若是組件的問題，則要立即撤換，絕不能爲了省錢而勉強使用，對飛航安全的要求不能打一點折扣或冒任何

風險，要有百分之百的盡力和把握才行。

經營事業固然要降低成本、提高競爭力，但是絕對不能在飛安工作上節省費用，公司嚴格制定飛機的定期維修，時間一到即執行，該撤換的組件全部換新，不能以沒有損壞而繼續使用，這是良心問題。

## 嚴格培訓飛航人才

長榮航空第一批在美國北達科他州立大學（UNIVERSITY OF NORTH DAKOTA）飛航訓練中心接受訓練的飛航學員有十六名，另外在加州國際飛行訓練學校（INTERNATIONAL AIR SERVICE COMPANY）也有兩批學員計二十六名。

第一批學員均選自長榮集團二、三副海勤人員及關係企業同仁；由海運領域轉任空勤服務，這在世界空運史上是頭一遭。

當時曾有人質疑，海運人來做空運到底適不適合、夠不夠專業？長榮海運的船員們工作認眞負責，而且能夠吃苦耐勞，有關船舶駕駛的各項航儀雷達設備、地理、氣象、語文等方面，都與飛航有許多類似之處，因此挑選船上體能適合、年輕的二副或三副培訓成爲飛行員應是十分理想的。尤其海運事業是眞正的國際事業，

海運人具有開闊的國際視野和專業素養，轉換到航空領域一下子便能進入狀況。

記得學員們出發前，我曾語重心長地勉勵他們：「身爲飛航人員不但技術要好，道德方面更不可有瑕疵。自己一定要在可預防的範圍內，全力做好每一項工作，盡到自己的責任，才能保障旅客的生命安全，自己的心靈也才會感到充實愉悅。」

當時所有的飛航培訓學員都相當珍惜此一機會，在學習上也非常的投入，學科表現十分優異，平均分數超過九十八分。結訓之後，他們又陸續到著名的航空公司及飛機製造公司接受進階訓練及機種轉換訓練，在通過所有訓練及考試後，才得以擔任助理副機長，公司再繼續施予航路訓練，累積其飛行經驗。對於各階段的訓練，公司均加以嚴格的考核。

估計公司栽培一位飛航人員，從最初基礎訓練到助理副機長，大約花費三十萬美元，尚不包括員工薪津、膳宿及交通等費用，投注的金額是非常龐大的。但以長期眼光來看，在有計劃的栽培訓練下，不僅能提升飛航安全作業的水準，且可養成優秀的人才，其價值不是金錢可以衡量的。

培訓飛航人員不僅費用相當高昂，人才的尋求更是不易，尤其，一般飛航人員

不但要身體好、視力好、心臟好，不能有任何可能會影響飛航安全的疾病，體能也要始終維持最佳狀態。

然而現代人的身體狀況能夠符合這種條件者實在不多，年輕人不是眼睛不好，就是有其他的毛病，所以儘管每一梯次前來應徵者眾多，但是最後能夠通過各項考試測驗、正式成為培訓學員的人，往往只剩下十個左右，而這些學員經過長時間的培訓，經過考試合格成為副機師之後，還要大約十年的時間不等（視機型的不同），才能升為正機師，由此可見其人才養成之不易。

由於國內並未設有訓練民航機師的專門機構或學校，以往大部份民航機師的來源多需仰賴軍方退役飛行員。而在政府開放天空、國內各航空公司紛紛添購飛機的情況下，各航空公司普遍都面臨機師不足的問題。

為落實國內飛航人才之培養，長榮航空自籌備初期即擬定長遠的培訓計劃，積極進行飛航人才的養成，並投資興建訓練中心，購置先進的飛航訓練設備，另外亦延攬外籍資深機師，除可在短期內紓解國內民航機師嚴重不足的情形，並借重其飛航經驗及專業技術，強化飛航訓練系統，並進而建立公司自有之飛航訓練能力。

為了加強飛航人員於飛機在不正常狀況下的正確反應，長榮航空按照其機隊規

劃，引進各種機型的飛航模擬機，除了訓練實務駕駛技術，亦模擬各種不同天候、氣流變化，以及飛行途中突遭危險狀況等情境，讓飛航人員反覆練習，使其均具備處理危機的熟練技巧。而無論是任何國籍、具備多麼豐富經驗的正、副機師，都必須定期接受公司模擬機的訓練及測驗，才能繼續執勤飛航。

鑒於飛航工作的重要性，我常鼓勵公司的飛航人員，要學習如何調適自己的作息和心情，雖說一個人的情緒也許和周遭的人、事、物都有關係，但是我認為自己的精神和意志力最為重要，可以主導自己的心境。一個人如果生活正常，心境就會開朗，工作起來自然事半

為了確保飛航安全，長榮航空花費鉅資在飛航人員的培訓上

功倍、安穩又愉快。

令我感到欣慰的是，迄今長榮航空已起飛數年了，這期間無論是國籍或是外籍的飛航人員，大家都是通力合作、互相提攜，對公司也具有向心力，我看到這個情形，心中感到非常的歡喜。

## 「零疏忽、零冒險」的維修工作

飛航人員是「貫徹飛安」相當重要的關鍵之一，而維修保養的工作也是馬虎不得。就算飛航機師的技術和應變能力再好，如果飛航途中機件突然發生故障，很可能造成無法彌補的後果。舉例來說，船若是在航行中故障，還可以暫時在海上漂流，等待救援；而飛機在幾萬英呎的高空飛行，一旦突發狀況，人員逃生獲救的機會是相當渺茫的。

由於每一種機型的飛機，都有專門的維修技術、配備和零件，因此一家健全的航空公司，一定要有能力維修自己的機隊，才能徹底執行飛安的維護。如果委託他人代辦各項檢修、保養工作，則自己將無法確保維修的品質。如果這樣子就貿然經營航空公司，這是不負責任的作法。「安全第一」並不是口號，而是人命問題，任

何一丁點的冒險或錯誤，都絕對不允許發生。

長榮航空在成立初期，就投資三十幾億元設立飛機修護中心，儘管這是一筆龐大的金額，會造成公司財務上的負擔，但以長遠的眼光來看，不僅可以培養飛機維修人才，落實飛安管理；對社會而言，更可以提供不少就業機會，進而造就航太科技的專才。

為了培養專業的維修人員，一開始時，我從長榮海運及關係企業有經驗的輪機、工程人員中，遴選出二十四人，送到美國接受兩年餘的養成訓練。

他們先到美國奧克拉荷馬州斯巴頓航空技術學校（SPARTAN SCHOOL OF

「安全第一」不是口號，長榮航空為此投下鉅資設立自己的飛機修護中心

AERONAUTICS CAMPUS），接受爲期約十三個月的維修基礎訓練課程，一半時間教授理論，一半時間到該校位於塔薩（TULSA）機場的飛機維修棚廠，由老師指導就所學的課程，實際動手拆裝或修理各種機械裝備。

由於每個學員都相當珍惜再學習的機會，更有感於自己所擔負的重責大任，大家無不全力以赴，全體學員以平均九十五分以上的成績結訓；甚至還有拿到滿分的。

當我獲知第一批學員的畢業成績如此優異，心裏感到無比欣慰，我到美國考察時，特地在洛杉磯請他們吃飯。該校一再稱讚長榮學員的良好紀律和團隊精神，尤其他們的畢業分數是斯巴頓學校有史以來最高的紀錄。

學員們告訴我：「雖然飛機的機件比船隻更加精密，功能比船隻複雜，但是我們一點也不覺得困難。」

他們在當地不僅培養了英文能力，同時也取得了美國聯邦航空總署（FAA）的機體與發動機維修執照。

受訓學員結束了第一階段的課程之後，緊接著前往美國的航空公司、飛機製造公司、發動機及裝備製造廠等，接受飛機維修機型專業訓練課程，爲期九個月。隨

維修人員排成一列，揮手目送飛機順利起飛，這是他們給予乘客飛安最大保證的表示

後，再前往日本全日空航空公司接受三個月的機型專業實習訓練。

記得他們告訴我，當全日空的維修人員將一架飛機交給他們去負責時，他們心中戰戰兢兢，唯恐有任何疏失，但是當他們看到飛機順利起飛時，心中的快樂是別人無法體會的。

當他們執行每項物件的檢查及維修時，心中一定抱持著「我務必把這架飛機檢修完備，達到零疏忽、零冒險」的心態去做。我認爲，那就是「責任心」。

在他們兢兢業業的努力之下，長榮航空開航的第一架次班機順利起飛，當他們目睹這歷史性的一刻，內心的感動是他們一輩子也忘不了的事。

長榮航空機務人員每進行一項維修，都必須標示姓名以示負責

在每一次長榮航空的飛機起飛之前，我們的維修人員會排成一列，揮手目送飛機順利起飛，這就是向全機的人員表示，他們已經盡心地完成份內的維修工作，也代表了維修人員給予乘客飛行安全的最大保證。

由於飛機維修是一項專業又複雜的機務工作，因此我嚴格要求所有相關業務的職掌、任務，都必須詳實記錄在工作手冊上，並制定出標準作業程序。維修人員在執行每一項業務時都必須實際遵照，以達到嚴謹的品質控制。且每進行一項維修，都必須輸入電腦記錄，無論是誰維修，都必須清楚標示姓名以示負責，絕不能推諉矇混。

航空公司的信譽，要靠長時間來建立，現在不僅有其他航空公司主動要求我們協助改善飛航品質，旅客搭乘時，也都會優先選擇長榮航空的服務，他們的肯定，就是我們最大的鼓勵。

我自己曾形容經營航空事業是一種「連續的緊張，緊張的連續」，因爲不管完成多少勤務，下一個航次我們都務必堅持同樣的謹慎態度來執行。

我規定只要飛機超過一個小時的延遲，或有任何特殊狀況，不論白天或深夜，都要立刻向我報告。因此我的大哥大是二十四小時開著，有時半夜突然聽到大哥大的鈴聲一響，心中不禁會緊縮一下……，所以說，航空事業的經營眞是讓人耗神費心啊！

# 三、服務至上

## 建立客艙服務體系

世界上各個國家的航空公司，我差不多都有搭乘的經驗，對於各國航空業的特質和趨勢，也有深入的觀察和了解。以機上空服人員的服務水準來說，日本的航空公司是最受好評，因此在長榮航空成立初期，我即和日本全日空航空公司（ALL NIPPON AIRWAYS）談妥代訓空服員的計劃，希望藉由他們嚴格的訓練，建立長榮航空日後的高服務品質。

第一批的學員是從長榮海運、立榮海運中挑選出合適的人，加上新招募的應屆畢業生，在全日空接受為期半年的訓練。受訓的學員多是大專剛畢業的女孩，以往沒出過遠門，初到日本時還適應不過來，加上當時正逢十二月，是日本最冷的時

長榮航空以提供世界一流的服務自許

長榮航空投資三十億元興建訓練中心，並自行培訓空服人員

候，幾乎全部的學員都感冒了，而訓練課程又十分緊湊、嚴格，有些學員竟然哭著說想要回家。

我一向要求嚴格，聽到學員們這麼不懂事，不能吃一點苦的學習態度，當時十分生氣。爲此，在她們接受訓練期間，我親自到日本爲她們打氣，那些女孩看到我，都高興得流下眼淚，就如同看到家人一般親切。

我告訴她們，訓練越嚴謹，基礎才能越紮實，如果以馬馬虎虎、不認眞的態度學習，是不會學得教官寶貴的經驗和精髓。而且以後正式上機，每一班次都要負責數百名旅客的服務，責任是很重大的。我勉勵她們不要小看自己，一定要有毅力把它做好，不要讓別人看笑話，而且要以世界一流的服務水準自許，繼續磨練自己，才能成就正確良好的心性。

當三個月的訓練結束時，她們不僅學到了專業的技能，也比受訓前成熟了許多；而當初在她們眼中認爲「很嚴格、很討厭」的教官，反而變成心目中「最認眞教學、最優秀」的教官了。

訓練課程結束，緊接著就要上機實習。起初，全日空的空服人員不讓她們服務旅客，怕她們不夠熟練，會引起客人的反感，影響公司的形象，因此只准她們在一

旁觀摩。但在飛機起飛後，全日空的空服人員即廣播告知旅客：「機上有幾位來自台灣長榮航空的空服人員在此實習。」

有些學員就自告奮勇地向事務長提出要求，希望能夠提早實際服務旅客：「我們有信心可以勝任這些工作，請讓我們試試看，我們一定會好好把握這個學習的機會。」

有的事務長看她們一副認眞的態度，就答應讓她們實際參與，但有的事務長則堅持不肯。那些有機會提前服務旅客的學員們，臨場的表現比預期中還要好；她們身穿長榮航空的制服穿梭在機上服務，親切殷勤的態度引起了旅客的注意，也建立起事務長對她們的信心。

第一期學員結訓後，她們以在全日空所學到的知識和經驗爲基礎，整理出一套機上服務手冊；然而鑑於航空公司雖然飛航國際航線，但所搭載的旅客有八成是自己的國人，這是航空業具有的民族性特質，因此我們便將其中不適合國情的部份加以改進，並增加符合國人需求的項目，建立起長榮航空自己的服務體系，並做爲日後培訓學員的教科書。

以機上餐飲來說，我自己也利用出國搭機的機會，將其他航空公司機上供應的

餐點拍照記錄下來，以比較各國航空公司的餐飲特色。根據我們的了解，國人的口味以偏好中式料理居多，然而全日空建議，短程航線的飛行時間太短，食物來不及加熱，最好是以供應冷食爲主。但是我認爲中式餐點不熱就不好吃，應該再動動腦筋，想辦法克服困難。

於是，我們向波音公司提出這項要求，並派遣第一期的空服員，到波音公司和他們一起研究突破，以在短程的航班上，仍能分步驟將食物加熱完成，提供機上旅客熱餐的服務。經過我們鍥而不捨的測試，終於開發出一套可行的方法，並成功地應用在長榮航空的短程航

張榮發對機上餐飲要求嚴格，一直鍥而不捨的尋求改進

班上，後來全日空還特別派人前來觀摩。

在建立長榮航空服務訓練系統的同時，我們也投下鉅資興建訓練中心，規劃完善的軟硬體設備和訓練課程，以自行培訓空服人員。

依照我們的規定，新招募進來的培訓學員，必須接受三個月密集嚴格的課程訓練，如語文能力、儀態、國際禮儀、各式餐飲服務、體能訓練、醫藥護理、緊急逃生、團體生活的訓練管理等，在受訓期間，除了例假日外，學員們一律要住在訓練中心的宿舍。

有些學員受不了嚴格的訓練，中途就退出了；但是大部份的學員在經過三個月的訓練薰陶之後，彷彿脫胎換骨似的，成長了許多。甚至有些學員的父母還特地到公司來，感謝公司將他們的女兒教導得那麼成熟、懂事，現在她們回到家中不但會自動幫忙做家事，對父母親也更加關懷、孝順。

長榮航空就沿用這套訓練體系，積極自行培訓空服人員。有關事務長（座艙長）的人才養成，爲了延續長榮一貫的服務理念，我決定培養第一期的空服學員來擔任事務長，不另行對外招募其他航空公司有經驗的人員。

一般來說，空服員要晉升到事務長需要七、八年的時間，因此新成立的航空公

司，都是聘用其他公司有經驗的人員來擔任，但是各家公司的企業文化和管理訓練系統不同，為了維持服務品質的一致性，我堅持採用長榮自行培訓的人才，並有信心她們一定可以勝任這項任務。

為了充實她們的專業素養，公司又特別聘請全日空六位資深事務長前來指導，做為期三個月的加強訓練。指導期間，她們鉅細靡遺地觀察這些預備事務長的各項工作表現，如果有哪些地方做得不正確，她們立刻指正；但是三個月下來，全日空的資深事務長向我稱讚說：「你們的空服人員已經做得很好了，並沒有很多需要修正的地方。」

第一期的學員正式上線後，表現相當稱職，長榮航空也繼續依循自己的訓練體系，栽培年輕人來擔任事務長。如今，前幾期的空服員現在都已成為事務長或教官，把長榮良好的制度和服務精神，一期一期地傳承下去。

長榮對空服員服務品質的要求從未鬆懈，在她們每次執行勤務之前，全體組員必須會合聽取簡報，以了解當班的載客情形及工作分配，整裝後再集體前往機場上機服務。

每次飛機返航後，組員必須先回到公司，開會檢討該航次的執勤狀況，包括飛

行途中發生的特殊狀況、應變處理方式、乘客的反應及意見等，並確實記錄下來，呈報給上級和相關部門，做爲內部的參考和改進的方向，務使長榮航空的服務品質不斷地提升與進步。

## 「經濟豪華艙」獨步全球

以航空公司而言，各家所購置的飛機機型並無太大的差異，因此，想要在競爭激烈的市場中脫穎而出，唯有在各項軟硬體的設備和服務上推陳出新，以人性化的訴求和精緻體貼的用心提供服務，才能博得客戶的青睞。

當長榮航空開始進行機隊的艙等配置和座位規劃時，我自己也投入參與各項工作，並利用出國考察業務的機會，搭乘各家航空公司不同機型的飛機，以比較其艙內的規劃和配備，並隨身攜帶皮尺，親自測量各種艙等的座位椅距、椅寬及椅背傾斜度等數據，自己記錄下來作爲參考。

每次一有新的構想，我便召集相關部門的人員開會研討，並在電腦上模擬眞實的情況，以期能突破其他航空公司的現有模式，開創出獨一無二的設計規劃。

爲使機艙內每一項軟硬體設備皆能盡善盡美，如座位排列、艙等配置、椅套布

座椅的排列和設計充分展現了長榮航空人性化的訴求和精緻體貼的用心

料及顏色、飛機內裝等，只要是在飛機尚未交機前，一發現有不符理想的地方，我便要求飛機製造公司立即修改。雖然變更設計必須支付修改費用，也可能會影響新機的製造進度，但我仍堅持務必修改到令人完全滿意爲止，不能爲了趕交機時間而影響艙內各項設備的品質。

以艙等規劃來說，世界上的航空公司都是採用頭等艙、商務艙以及經濟艙三個艙等，我在出國搭機時，也會觀察各艙等的客源分佈情形。在我決定投入航空事業後，我發現無論是淡旺季，配置有三十二個座位的頭等艙，都只有幾位客人而已，而依照以往的市場狀況，

商務旅客應該是先選擇乘坐頭等艙，繼而才是商務艙，若位置都客滿，才會搭乘經濟艙。

我對這一現象感到奇怪並加以思考，終於找出癥結所在，主要是受到當時波斯灣戰爭的影響，世界經濟普遍不景氣，各公司行號對於差旅預算強制縮減，因此原本搭乘頭等艙的商務旅客，紛紛改坐商務艙。

隨著景氣的蕭條，出國旅客的人數亦大幅下降，經濟艙的價位也跟著下跌，本來頭等艙和經濟艙的票價差不多是二：一，後來經濟艙的票價卻降到約爲頭等艙的四分之一；這種情況甚而影響到商務旅客選擇艙等的考量，寧願搭乘票價低廉甚多的經濟艙，以節省旅費支出。

這個訊息透露出旅客消費習慣的改變，讓我有了新的靈感。以當時的市場反應來看，一般旅客搭乘頭等艙及商務艙的需求不高，反而極多數的旅客，會優先選擇經濟艙。但經濟艙的客源中又同時包含個人（商務）旅客和團體旅客，兩者的購票成本不同，所享受的服務待遇卻是一樣，如此對支付較高費用的個人旅客而言，顯得不太公平。

因此，我構想在商務艙與經濟艙之間，另設一種艙等，所提供的服務待遇和座

椅配置等，均比照一般航空公司的商務艙規劃，對個人旅客而言，他們只需支付比經濟艙多一點點的票價，即可得到升級的享受。這在全世界是創新的作法，我們立即和飛機製造公司開會討論，進行艙等配置的全面調整。

原先設計的頭等艙和商務艙，都是以高於其他航空公司傳統艙等一級的水準來規劃，以突顯出長榮的服務品質和巧思創意。而介於商務艙與經濟艙之間的創新艙等，不但具有一般航空公司商務艙的同級享受，票價也經濟實惠。

爲了在市場上打開知名度，我們計劃取一個名副其實且通俗易懂的名稱，幾經考慮之後，決定以「經濟豪華艙」（YD艙，ECONOMY DELUXE CLASS）的名稱推出。

獨步全球的「經濟豪華艙」推出後，廣受旅客的好評，沒多久便在市場上建立了良好的口碑及知名度，載客率一直很好；甚至有很多旅客指定搭乘這個獨樹一幟的創新艙等。

經過二年多的業務推展，長榮航空於一九九五年五月將「經濟豪華艙」更名爲「長榮客艙」，全面提升服務內容，以回應旅客日益增高的旅遊品質需求。

雖然長榮航空在業界算是新興的航空公司，但一開始就自我要求必須達到世界一流的服務水準，更要自我提升成爲世界航空業者的先驅。

長榮航空首創的「經濟豪華艙」掀起全球客艙服務的革命

無論是在艙等設計、座位排列、機上娛樂、餐飲口味等方面，長榮航空所推出的每一項服務都是獨具匠心，希望予人「搭乘長榮，感受不同」的實質體驗。

例如「超級頭等艙」的平仰式座椅設計、「經濟豪華艙」的椅背式個人電視，以及增加方言播音等服務，不僅在市場上引起回響，也間接促使其他航空公司加強機上服務和設備。

可以說是，由長榮航空帶動風潮，在良性競爭的驅使下，世界其他航空公司的品質也跟著提升了。

## 客貨兩用機進軍市場

長榮航空在開航初期，是採用波音七六七—三〇〇ER型客機飛航，但在波音七四七廣體客機加入營運後，我觀察到一般消費者傾向搭乘大型飛機，如同時有這兩種機型飛航國際航線，乘客多半會選擇搭乘波音七四七型客機。

由於這種大型客機有近四百個座位，在淡季或載客率不高時，將不敷成本；因此，如何能滿足消費者的需求，又能充分有效運用機上的空間，就成了我思考的問題。

由於台灣地方狹小，國內線的發展有限，而國際航權又拓展不易，客源成長緩慢，加上淡旺季的載客情形落差很大，若要突破這些瓶頸，我認爲必須朝

台灣之翼——長榮航空飛出了中國人的驕傲，也贏得了世界的肯定

客、貨運同時發展。

因此，我即計劃將部份的大型客機，變更爲客貨兩用機（COMBI），機上僅規劃兩百多個座位，其他空間則做爲貨艙，在淡季時可充分利用客、貨的乘載空間，提高飛機的使用率，而在客源需求暢旺時，則可抽調全客機飛航，同時保持客、貨的高承載率。

這個構想最初是從荷蘭航空公司（KLM）的經營方式得到靈感，由於貨運較沒有季節性的波動，而長榮集團原本就有豐富的海運經驗，對於貨物的承攬和運送細節，有相當的把握。

當時長榮航空總共訂購了八架波音七四七—四〇〇型客機，其中四架已投

張榮發伉儷於美國西雅圖波音公司參加長榮航空第一、二架B747-400新機交機儀式

入營運。當我們通知波音公司，將尚未交機的另外四架客機改成客貨兩用機時，波音公司以飛機已在製造中，更改的工程及費用太大，且會延誤交機等理由拒絕。

我告訴對方，雖然這些損失並不是短期內就可回收，但一架客機最少可使用十五年以上，如果在初期不做變更設計，長期營運下來，損失將更甚於此，長榮航空的發展也將受到拖累，因此無論如何一定要改。由於我的態度十分堅決，絲毫不妥協，最後波音公司才答應我們的要求。

爲了立即調整市場策略，我亦將已在營運中的兩架七四七客機，陸續改成

決定將兩架營運中的波音747客機改成客貨兩用機時，張榮發展現了驚人的魄力與決斷力

客貨兩用機的規格和配置。雖然一架的修改費用就要上千萬美元，加上兩個月不能營運的損失，但是著眼於公司長遠的發展，我認爲及早修改才能儘早產生效益，縮短虧損的期間。

客貨兩用機在市場上推出之後，長榮航空貨運的業務，呈現了大幅的成長，尤其客貨兩用機是依照客機的班表飛航，不僅班次較多，時效上更易掌握，因此受到貨主的歡迎；在客運方面，機隊的調度也因此而更富彈性。

長榮航空在起飛後短短幾年之內，飛航網路及服務品質就達到相當的規模與水準，在世界上已建立起知名度和口碑，同時也提升了我國航空服務業在國

長榮集團自創品牌，在全世界發展連鎖旅館，延伸對旅客的精緻服務

際間的形象與地位。

為了強化長榮航空的服務，我又陸續投資空中廚房、機場地勤業務等周邊事業，並以自創的長榮旅館管理體系，在世界各地發展國際連鎖旅館。

長榮集團經營航空事業的領先作法和革新觀念，已將我國的航空業帶領至一新紀元，在國內不僅牽動業界對於飛安與服務的重視，隨著長榮不斷積極突破，向國際延伸，國人經商、旅遊的界面都更為寬廣。

儘管長榮集團的業務規模，已擴展至全世界，且是海、陸、空全方位的發展，但是品質的追求是無止境的，我們的腳步不會就此停滯。我自己仍是馬不停蹄地穿梭國內外，腦子裏隨時激盪著新的構想。另外，也打算多花些心思在回饋社會的工作上。

# 第7部

## 經營理念

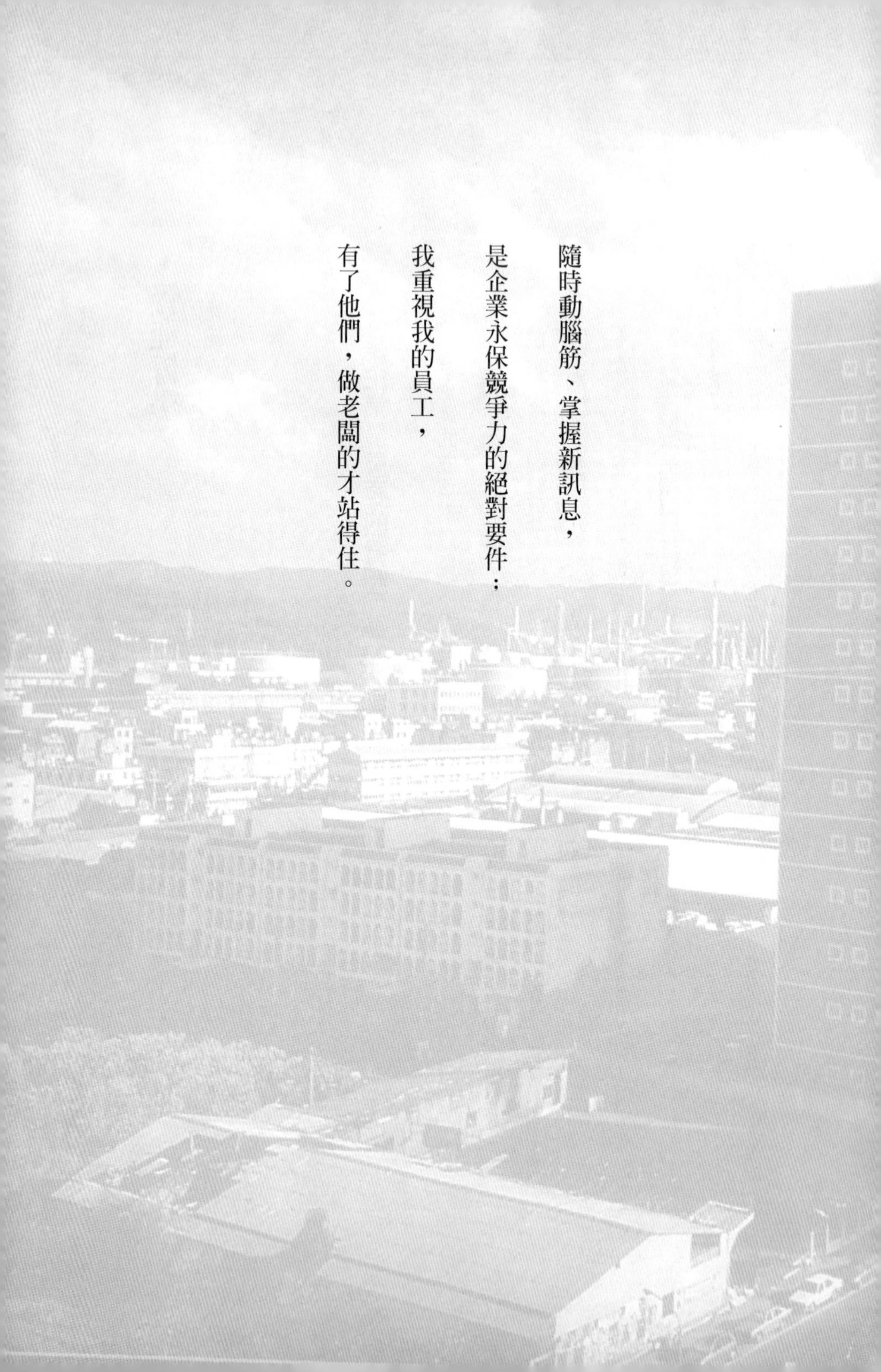

隨時動腦筋、掌握新訊息，
是企業永保競爭力的絕對要件；
我重視我的員工，
有了他們，做老闆的才站得住。

# 一、管理哲學

## 人才是企業最重要的資產

一家企業的成功不只是需要經營者具備專業素養及先見之明，也要有人才，公司的業務和精神才能發展、延續。我始終相信，「人才」是企業最重要的資產，攸關一個企業未來的發展，而一個「人才」的養成必須要多年的培養才能成氣候，因此，爲公司尋找及栽培人才，是公司永續經營的重要課題。

長榮徵才，除了特殊專業項目，我們一律以應屆畢業或剛退伍的人爲招募對象，因爲他們大都還沒有沾染社會上一些不良的習氣，如同白紙一般，較易接受長榮的文化和要求。

長榮用人並不一昧崇尚高學歷，而是注重其可塑性、工作態度及品德操守等，

因此我們設計了一套徵才的方法，以從眾多的應徵者中，挑選出適當的新血加入長榮的行列。

早期的徵才是先筆試測驗，合格者再面試，每一次面試都是由我率領公司各級主管共同參與。近幾年來，有感於社會倫理、道德風氣敗壞，爲避免錯過許多有潛力、具「長榮人」特質的人，因此有些項目的徵才改採先面試再筆試，有的則分階段做數次的面談。每位應徵者雖不過接受短短幾分鐘的面試，但透過一群經驗豐富的主管人員，應考者的談吐儀態、反應機智、工作態度、待人接物等各方面表現，都可看出個大概。

尤其我們並不只注重應考者面試當時的表現，因爲一般人在面試時，都會刻意表現自己的優點，所以我們特別著重問題的設計，以期測出應考者的自然反應，並會觀察他們在等候應試時的小動作，以了解眞實的一面。

早期在面試營業人員時，有時我會問應徵者：「會不會喝酒？」直接回答說「不會」的人，我就告訴他：「不會喝酒的話，是無法當營業人員喔！」

有的人趕忙改口說：「會喝一點啦！」我再問他：「一點點是多少？」

結果每個人的答案都不一樣。有的人很含蓄的說：「一、兩瓶啤酒啦！」不敢

太過誇張；有的在情急之下就隨便捏造。其實我問這個問題，主要是以較幽默輕鬆的方式，了解應試者的反應和工作態度。

長榮航空成立時，連續五期的空服人員面試都由我主持，目的是希望選出眞正可栽培的人才，藉由她們紮實整個服務體系，並繼續訓練後進的空服人員。

面試時，一般一次有五個應考者同時進來面試，我在問其中一位問題時，也會留意其他四位的神情、儀態；等到與其他先前被觀察者談話時，再比較其態度的差異，這其中就可看出很多眞實的訊息，所以我說：「考一個，看四

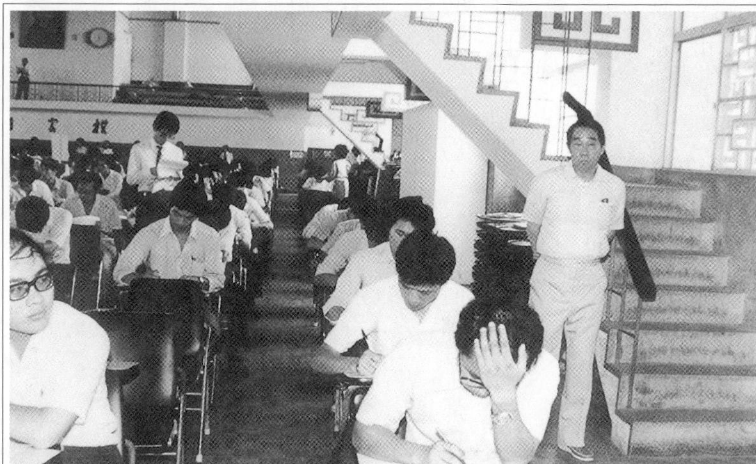

早期張榮發巡視公司應徵新人考試情形

個」。

有人還故意開我玩笑說：「總裁愛看小姐。」

在筆試科目方面，除了各項專業知識、語文能力的測驗之外，一律加考「心算」及「適職測驗」兩個項目。

心算測驗的內容，是讓應考者在紙上作答幾道龐大數字相加的題目，有人納悶這項測驗似乎和應徵的工作不相干，事實上這是測驗應考者專不專心的最佳方法，一個精神散漫、注意力不易集中的人，其工作品質自然不佳。

適職測驗顧名思義，是藉以了解應考者的價值觀、工作態度和道德操守等精神內涵，判斷其是否適合長榮的企業文化和管理方式，例如有一道題目是：「如果公司調你到國外工作，你會不會去？」還有像是：「如果工作沒做完，你會不會留下來加班？」等問題。

有的人雖然在專業科目上表現優良，但若不能接受長榮的管理制度，就不適合、也無法在長榮一直工作下去，因此，這個項目可說是錄取與否的關鍵性測驗。

由於社會的變遷，考試的方法也會隨著社會現象和工作項目做彈性修改，唯獨像道德觀念等原則我仍堅持不變。如長榮航空僱用飛航人員時，個人操行是評鑑重

點之一，因爲我認爲品德操守良好的人，生活規律正常，工作時才能全神貫注，對飛航安全是一大保障。

長榮徵才的原則，是堅持公開招考，不接受人情關說，並在招募啓事中，書明「託人關說者，恕不錄用」，這是爲貫徹公司制度，避免聘用不適任的人，阻礙公司的管理和發展。不能理解的人，認爲這種做法不通情理，我也因此而得罪過不少人，儘管如此，這個原則是不會改變的。

## 灌注全方位教育

一個在校成績傑出的人，可稱他是學校的「秀才」，但是進到社會，卻不見得能成爲社會的「秀才」；受過正規教育的人，也不代表就一定有教養。我一直將企業視爲社會大學，負有教育員工的責任，公司必須提供好的環境、教育和管理制度，才能造就出對社會有用的優秀人才，所以我在人才的培訓養成上，可說是投注最多的心血。

每年在新進人員新生訓練時，我就灌輸他們要有不斷求上進的人生態度；這一輩子是要往正確的路去發展，或是含含糊糊、得過且過，全憑自己的判斷及毅力。

能通過長榮長期嚴格的管理與訓練還是留下來的資深員工，都是十分優秀的人才

若是能夠自動自發，督促自己學習、成長，藉著工作的磨練來提升自我的心性，那麼所獲得的成就將是不可限量的，這也才是正確的工作態度。所以我常告訴員工：「務必要爲自己而工作。」切勿因爲拿公司薪水，才把工作做好，若凡事抱持這種心態，就永遠不會有進步和成長。

長榮從不吝惜投資人力、時間或是金錢在人才的培養上，相對的，訓練和管理亦是十分的嚴格。公司曾一度招進來一百位新人，一年後只剩十人，然而經過琢磨、考驗還能堅持下去的人，就可塑造爲有用之才。

曾在其他公司待過的人，通常都不

能適應長榮的嚴格管理，沒做多久就會萌生去意。早期我們就有過類似的經驗，當時公司計劃要開闢歐洲航線，招募了一批曾在美國或歐洲船公司有工作經驗的人，大約有十名，結果一年之中，半數以上的人都離職了，最後只剩三、四個人留下。

長榮對於新人的培訓格外重視，由於他們初入社會，一開始所接觸的觀念和環境對他們將影響深遠，因此我們在教育訓練的設計上，同時兼顧專業知識及待人處世等方面的充實，並以「師徒制」的傳承方式，由部門的資深人員負責帶領新人，教導他們正確的觀念和工作內容，只要一有偏差立刻導正，讓新人能朝正確的方向前進。

而「師傅們」身負教導新人的重責大任，替公司培養後進的人才，自己也才有機會往上晉升；如果教導不好，當前輩的人就要負起責任，所以絕對不能「留一手」。

在專業素養方面，我們堅持做到世界一流，每逢新事業開創時，我們就送員工到國外接受嚴格的訓練，諸如長榮航空的培訓飛航人員、維修人員和空服人員等皆是。

像我們剛開始發展長榮國際連鎖旅館時，即挑選了十九名儲備幹部作爲「種籽

部隊」，送往新加坡著名的教學旅館，接受為期一年的學科及實務訓練。當他們回到公司，即以所學作為基礎，加上累積的經驗，發展出長榮自己的服務體系，繼而不斷地以此培養後進的新人。

長榮集團對於人才的培訓是全面且長期進行的，尤其是現代社會，資訊和科技日新月異，人的素質要跟得上才行。為了讓員工不斷提升，公司內部經常配合不同業務需求，設計一些進階課程。例如在長榮海運，即使是資深船員，也須經過特別的訓練課程，才可調派到新型的貨櫃船服務；對於船上僱用的外籍船員，我也要求部門主管人員多給他們鼓勵和教育，協助他們充實較不足的輪機等知識，使他們能歡喜長期待在長榮工作。

由於長榮集團所投資的業務範圍廣泛，據點遍佈世界各地，因此公司施行輪調制度，輪流調派員工到國內外關係企業或據點服務。如此不僅可開闊員工的視野、格局，充實其歷練，培養員工成為多方面的人才，還能藉以消弭職業倦怠感和各部門的本位主義。

有些主管從台灣被調派出國後，在日本、美國東西岸、巴拿馬、英國、德國等地都待過了，不能了解公司眞正用心的人，也許當初心裏會埋怨公司把他調來調

去，事實上，這是公司爲了培養他的國際觀，作爲晉升更高層級主管所做的規劃安排。

公司在工作的調動上，會針對每個人的個性和專長，安排適合的職務，以讓他發揮所長爲著眼點。舉例來說，長榮海運新進的男職員必須先在營業部門接受兩三年的訓練，藉以從中觀察各人的性向和潛力，再分派到適合的部門工作。

我相信每個人都有其擅長的才幹，不能因爲他在某個部門無法勝任，就全盤否定而放棄他；應該主動去發掘他的優點、激發他的潛力，讓他多方面嘗試，也許他在別項業務上，會有出色的表現。

況且一個人在學校所選讀的科系，未必符合他的性向和專長，尤其台灣的教育採用聯考制度，有興趣的科系未必能夠考上，有的人則是選擇學校不選科系。

長榮良好的學習空間、工作環境與前景，一直是青年學子所嚮往的；藉著長榮的優良傳統，年輕人只要好好地努力、歡喜接受磨練，就有機會成爲社會上有用的人才。如果說長榮是一個培養社會秀才的大搖籃，一點也不爲過。

## 首創「海陸輪調制」

在創業以前，自己在船上工作已有十五年的時間，對船員的工作、生活有相當深刻的體驗，因此，在自己經營海運公司時，對於船員的管理和照顧，一直是我十分重視的問題。

長榮海運開始經營貨櫃航線時，使用的船舶主要是六〇〇TEU、八〇〇TEU和一、二〇〇TEU的全貨櫃船。即使是一、二〇〇TEU的船舶，在港口裝卸貨櫃，也只需幾個小時就可以完成，船必須馬上駛離，因此船員少有時間可以回家和家人相聚。這種情形我看在眼裏，內心即開始思考改善的辦法，讓船員能夠對家庭多盡一些義務。

我也注意到，每次貨櫃船在碼頭裝卸貨時，若遇到營業單位攬收的貨超出一般正常的裝載量，陸上負責安排貨物裝船的駐埠船長（PORT CAPTAIN），常常為了多裝一些櫃子，而和該船的船長發生爭執。

營業人員在攬貨時，都是以達到艙位滿載為目標，有時明知貨櫃已接近滿載，然而為了滿足客戶的要求，常會多收一批貨載，以致櫃數超出正常的裝載量。

例如一艘八〇〇TEU的貨櫃船，已攬收七八〇TEU的貨，若此時貨主有一批三〇TEU的貨趕在該航次裝船，我們收的話，這艘船就超出了一〇TEU的裝

載量；但是如果拒絕客戶的要求，不僅對貨主不好交代，而且船艙沒有充分使用，浪費了二〇TEU的空間，運費收入當然也就跟著減少了。

事實上，船舶所設計的裝載量，是有一定的彈性，只要其載重、吃水、駕駛視線、穩定度都在安全標準內，是可以多裝載一些櫃子的。但是是否要多裝，只有船長有權決定，即使是船公司的董事長，也不能強迫船長一定要裝，因爲船舶在航行途中若發生事故，船長須負全責。在彼此立場不同時，有的船長就不願意配合營業單位的訴求，以致和駐埠船長在協調貨物裝載時發生爭執。

爲了解決這些問題，我決定讓船員也有機會到陸上工作，藉由角色的互換，讓彼此能設身處地爲別人著想，合作起來才會更有默契。另一方面，船員們派駐陸上，和家人相聚的時間也就多了起來。

這種「海陸輪調制」在當時業界是首創之舉，實施之後效果良好，其他船公司也開始仿傚。

在長榮的船員管理辦法中，有一項較特殊的規定，即是規定船員一律須將部份的薪資撥給家屬提領。訂立這項規定的原因是，在台灣光復前後，船員普遍教育程度不高，有些船員在船上待久了，一下船就急著去花天酒地，把錢都花光了，家人

張榮發自步入社會即浸濡海運工作，又歷經15年的航海生涯，
對於船舶和海運實務有深刻的了解

的生活因而受到影響。

儘管現在船員的素質都相當不錯，但是行船在外，有時一去就是二個多月，家屬要等到船員下船才能拿到薪水，家裏的開銷就難以張羅。因此我要船員簽署委託書，同意提出一定比例的薪水讓家人每月領取，以確保船員家屬生活的安定。

記得以前船員的薪水大約是陸上工作者的三倍，因爲以前跑船是相當危險的工作，俗語說「行船跑馬三分命」就形容得很貼切，所以大部份的人都不喜歡上船工作。現在科技進步，在船上工作已是相當安全的。

除了「海陸輪調制度」之外，對於

船員的各項福利、教育、培訓以及生涯規劃等，我都投以相當的關心，期能以良好的環境和發展空間，讓優秀的專業人才長期留在長榮，像現在長榮集團有許多高級主管即是船長出身，他們都是公司的資深優秀人才。

## 建立制度，因時制宜

公司要發展，除了必須積極養成優秀的人才，建立健全的制度也是重要的關鍵之一。一家公司在初創時期，可以仰賴創辦人領導，開創出一番局面，但要持續成長，則必須在一開始就訂立健全的組織架構和管理制度，每個員工才能井然有序地各司其職、分工合作。

有了制度，公司才能從一開始就朝正確的方向發展，就像是新人剛進公司就要好好教育他一樣，日後的工作態度和觀念才不會有偏差。若起步基礎沒打好，他日要再做變動將困難重重；或是中途再引用別人的制度也來不及，除非公司人員全部更換重新來過。

一九六八年長榮海運創立時，公司只有一艘舊雜貨船，員工也是寥寥可數，儘管當時公司營運處於艱難時期，必須積極向外拓展業務，但基於長遠發展的考量，

我立即著手擬定公司的各項制度。

我花了整整半年的時間，用日文寫出詳細的「公司管理規則」和「船員管理規則」，並完成公司的組織編制和管理體系。

有關公司的各項管理制度，如員工的任用及考核、權責區分、獎懲辦法等，我都有詳實而明確的規定，供全體員工遵循。隨著企業組織不斷擴大，公司的管理規則都以此爲基本架構，再配合現實狀況做修訂。

我制定的這套管理規則，對於每個職級的權限與責任，都規劃得十分詳盡；並且我還編製表列，讓員工一目了然，易於遵行。透過權責清楚的劃分，可讓員工在授權空間內儘量發揮所長，大家分層負責，該做的事，絕不可往別處推，該負的責任，一點也不得疏忽，公司運轉自然上軌道，行政效益大幅提高。

在組織編制方面，我依據業務性質與未來發展，編制初期及將來所需設置的部門；有些「課」初期因業務尚未開發，只有少許成員而已，但是我仍按照正規的組織架構編列人數，並且預先就把辦公場地和桌椅等擺設完備，隨著業務的擴充，人員逐漸增加，最後，一個完整的組織規模和功能就顯現出來了。

長榮的編制是在每個部門派任協理、經理掌管，旗下再分設各課；課是最基層

的單位，由課長負責管理。在長榮裏，「課長」級是最重要的主管階層，其應負責督促課內業務、訓練管理課內部屬，並依次向經（副）理、（副）協理、（副）總經理、董事長等負責。「課長」身兼第一線業務的監督和執行，又是連繫公司基層和上級意見的橋樑，角色非常吃重。

至於每一課的人員編制，也是依其未來的業務發展而訂，以我的經驗，一個課最好是編制八至十個人，頂多到十二個人，若人數太多，則必須分成兩個課來管理。

因爲八至十人的編制，辦公桌椅的排列不會太長，課長坐鎭前方，可以清楚掌握每位部屬的工作狀況；在推動各項業務及領導課內人員方面，也才能面面俱到。而要同時管理十二個人，必須有相當的魄力和能力才能勝任。

在訂定管理規則時，我始終抱持的觀念是，制度必須隨環境、時代等的變化作適切的修改，絕不能一成不變，若面對新環境時，還死板板地沿用過去不合時宜的規定，就喪失公司訂下這些制度的原意了。

規則是「人」制定的，其用意是讓員工清楚自己的權責，並在自動自發中塑造紀律；若不能因時制宜改進，變成「規則」在支配「人」，就會招致員工的埋怨，阻

礙了公司的發展。

像過去員工出差住宿旅館的費用，是依不同職級給予固定金額的補助，後來有些員工在出差時，遇到當地可投宿旅館都已客滿，只得到高一級的旅館住宿，其中有的國家消費水準較高，旅館費用差距不小，超出的費用必須由員工負擔，這樣對員工並不合理。

爲了改善這種情形，公司的出差規則就加以修改，讓員工自由心證，就自己的職級選擇合宜的飯店，住宿費用則實報實銷。又如長榮早期男女性同級員工的薪水並不一樣，後來當女性就業已成爲社會常態時，公司即將給薪辦法調整爲同工同酬。這些都是制度因時制宜的例證。

制度就像一個國家的憲法，是人民依據的最高法則，每個人民都必須信守遵從，然而時代變遷，國家、社會結構改變，已過時的條文就應立即修訂，才不致因法令的陳腐老舊，而妨礙了社會的發展。

制度的建立固然重要，然而如何去執行、靈活運用，也是一門大學問。

以長榮退休制度來說，公司規定員工六十歲退休，然而許多資深主管屆齡退休時，身體狀況還相當好，這些在工作上閱歷廣博、經驗豐富的員工，要離開有數十

年感情的公司，也都依依不捨，尤其退休後若賦閒在家，整個人的精神和元氣也會消褪。

對於這種情形，我心裏非常能夠了解，然而，若要將退休年齡延後，對於年輕優秀的一輩，就會形成人事管道阻礙的現象，企業也會逐漸老化。

爲了能兼顧暢通的人事制度，又能妥善照顧資深主管退休後的生涯規劃，除了訂定「專員」的聘任制度，讓有意願的主管可以繼續留在公司服務，我也出錢成立了一些與集團業務相關的外圍公司，讓退休後的主管到那裏去工作。

這些公司的業務較爲輕鬆，主要目的就是讓退休主管有事做，又不必承受太大的壓力，加上老朋友、老同事可以常碰面、講話，生活才不會失去重心。另一方面，我也讓這些主管加入股東的行列，放手讓他們自己經營，他們也都很有成就感。

每當這些即將退休的員工知道我另外替他們安排工作時，都感動得落淚，但也有沒被我留下來的員工，那些人多半是在臨別前的會面時，還不忘在我面前投訴其他同事的不是，這種失去一個人應有格調的做法是我所不樂見的。

日本人有一句話說：「要離開的人，不要把剩下的清水都染黑了。」懂得感

謝、珍惜與別人共事的人，才會受人尊敬；說起來，這就好像是在離開工作崗位前的最後一次考試吧。

我相信，健全的制度可以養成員工良好的紀律和風氣。長榮集團累積了三十年的營運經驗，各項制度都已建立得相當完整；每次在增設關係企業時，就會把既有的制度與風氣帶過去，再由大家一起強化制度的完備，使優良的傳統得以傳承。

我在創立長榮航空公司時，花了相當多的心思和時間，研究公司的組織架構與制度規章等；因爲航空是長榮集團初次涉獵的投資，人力需求度又高，制度相形之下就更顯重要。

在前五年，我全力專注在奠定公司的各項基礎，包括人事行政體系、員工教育訓練、長期營運發展計劃等；工作之餘，不僅勤讀航空方面的專業書刊，還到各地實際觀摩學習相關事務。

那時還有人笑我說：「您實在是一個很『用功』的董事長。」

公司的組織、規章既已訂立清楚，要貫徹執行就必須靠「教育」來輔助。主管階層透過教育的方式，灌輸員工有關公司的理念與精神，當公司上下一心，都能按照制度規定行事時，管理及政策才能確實貫徹執行。

由於長榮的管理制度在開始便建立得很完善，長久以來公司上下配合無間，所以我今天才能鬆口氣，要不然恐怕還得像石磨一樣拖磨下去。

## 民主．授權

我常說：「一個人不可能管太多的事，公司的發展要靠大家的努力。」所以做一個經營者重要的是，每到一個合適的階段就要「放」，也就是要「授權」。但是在授權之前，必須先教育及訓練員工，成為一個可信任、有能力獨當一面的優秀人才。

一個企業的成長，可以分為幾個階段，在創立初期，要有一個有魄力又專業的經營者，以「獨裁」的方式來領導公司，等基礎奠定、營運上軌道後，就要培養主管人員，公司的管理方式也漸漸走向「民主」，所以第二階段是「半獨裁、半民主」的管理方式，讓能幹的人適得其所，並信任他們，讓他們儘量發揮所長。

一個成功的經營者，除了應具備充分的專業素養，更要能「識人」、「用人」及「教人」，如果有表現傑出的員工，就應給他們機會往上晉升，主管級人員則可由公司再施予全方位的磨練，培養其成為一個可以獨當一面的經營管理者。若是在晉升

到主管職位後，並未有好的表現，那麼就不能再交予他更重的責任，職位也不適合再往上晉升。因為有些人的能力只能帶領一個課，如果再交給他四、五十個人去管理，其能力就無法勝任。

長榮對於員工的培訓，是分階段、職務實施的，即使是主管，也不能跳級過快，因為很難在短期內就看出一個人的全部優點，一定要按照規定，循序漸進地施予訓練，再視實際表現拔升。

長榮主管階層平均年齡都很年輕，不但衝勁足，且都具有豐富的實務經驗，以課長級而言，平均年齡只有三十歲出頭。

在長榮企業裏，每個職級的主管，從課長、經（副）理、（副）協理到（副）總經理等，都清楚地分別被賦予應有的職權，每個幹部都有職司的權限範圍，對於提升員工的參與感與責任感，有很大的助益。

職權分得清楚，工作的倫理和秩序就不會亂，對於自己被授與的權力、該負責的事務、該遵行的規章等，每個人心中都有一把尺；否則，大家遇到事情就往主管身上推，沒人敢擔當，公司怎麼可能進步呢。

要使建立的制度發揮效益，必須要信任部屬，如果主管部屬間沒有誠信，制度

只會流於形式而已。

像是表面上你把某些權力授予了課長，背後卻又擔心他是否會和外人勾結，這種心態相當不對，既然認定了那位員工有當課長的條件，也要能夠授予相當的職權，不能自相矛盾，或霸著權位不放；主管的度量要大，心胸要開闊，才能無私地積極栽培後進，延續良好傳承。

我經營長榮集團這樣一個龐大的企業組織，就是把事情分層交給部屬去發揮，自己擔任「總指揮」的角色，負責督導統領的工作；因為公司不可能只靠著我一個人的力量做起來，一定要靠群體的努力，才能獲得全面性的成功。

長榮內部組織的規定與其他企業不同的地方還有一點，就是屬下的行為上司也有責任，因為屬下有不懂的地方，主管有責任教導他，屬下的言行舉止，主管也必須予以督導，所以，屬下犯錯，主管也連帶有責任。相對地，員工對公司規定的遵行，以及部屬對上司命令的服從，也是公司相當重視的精神。

在新人適職測驗中有這樣的題目：「主管交代一件事情，如果你覺得不盡合理時，應怎麼做？」

我認為，正確的態度是：「可以提出個人的看法供主管參考，但最後仍應服從

主管的指示去做。」

因爲你雖有自認充分的理由，但是主管所考量的層面一定較爲廣泛深遠，或是基於訓練員工的考慮，所以主管在聽完你的意見後，若仍堅持原來的指示，那麼屬下就應該聽從辦理。如果每回上級交辦的事項都可以討價還價的話，那麼公司的制度就會亂掉，與個人意願衝突時，決策也無法貫徹。

長榮對員工服從性的要求有其深層意義，並非要每位員工只會做個「YES MAN」，相反的，長榮是一個相當民主、充分讓員工參與意見的企業。我所認定的「民主」，其眞義不是指無組織的一盤散沙，而是著重在凝聚群體的共識，集合眾人的力量和智慧，才能讓企業永續發展。

## 公平考核，擇優擢升

長榮對於員工的考評，係由副課長級以上的主管負責在一年幾個時期中打出成績和評語，考核的項目包括工作績效、專業能力、操行、工作態度及勤惰等；考績的高低則會影響調薪、年終獎金及升遷等。

而爲了考評的公平性，員工的考績由直接和間接主管分別來考核，打出的考核

成績直接密封送人事室，各層主管彼此獨立，員工的表現也因而得到最客觀與公正的評語。

舉例來說，課長打的考績，是依據其觀察心得所給予的評分和評語；但是經（副）理、（副）協理等的看法並不見得和課長一樣。在這個制度裏，課長打的考績不會讓經（副）理、（副）協理知道，經（副）理打的分數，也毋須向（副）協理報備，大家都是各自考核，互相不討論、協商、告知或影響，最後將各級主管所打的考績平均起來。

這種考評方法，能綜合多數人的意見，所得出的結果較無偏差，也避免主管利用考績公報私仇，舉例來說，如果某個課長和他的課員有過節，而把考績打得很差，但若再和經（副）理及（副）協理對該課員所打的考績平均起來，相信就不致偏差太大。

而爲求評分的客觀與正確，每年都做幾次的考核，在不同時期考核員工的工作狀況，到時再綜合各次的評分，做爲年度平均考績，這樣的考評方式得出來的結果應與員工實際的表現相去不遠。

創立初期，我都親自參與每位員工的評分，所以當時所有員工的工作能力和表

現，我都能全盤掌握。而我打出來的考績，與各級主管評分的平均結果，都極爲接近。

以前我訂三個月打一次考績，一年共有四次考核，可以說是隨時都在評分考核；員工知道我時時考核他們，便不再心存投機，專在打考績前求表現。若要獲得好的考績，平時就要規規矩矩努力地工作。

有的公司是一年考核員工一次，有的則是在年底發放獎金或評定加薪之前才考核，我認爲這種方式並不公平，因爲有些人會在打考績前才刻意努力表現，企圖贏得主管的好感；尤其若逢主管有變動，那麼繼任的主管便無法了解員工全年的整體表現。

現在長榮集團的員工人數日漸增多，由於公司已上軌道，因此考核由每年四次改爲二～三次。考核資料嚴禁外洩，也不准影印留底，務必做到徹底的保密，唯有如此，打考績的人才不會有心理負擔，考核才能眞正的公平。

以前公司剛成立時，每逢過年過節，有些員工就會帶著太太到我家裏來拜年、送禮，後來我明令嚴禁這種情形。因爲這樣會有人情壓力，也會讓員工以爲只要帶太太到董事長家拍馬屁，就萬事ＯＫ，大家有樣學樣，靠送禮、走後門來爭取升

遷，這種錯誤的心態，我是絕對不允許的，如果這樣行得通，我如何對那些辛勤努力工作的同仁交代呢？我自己以身作則，公司的主管自然也對部屬秉持公平公正的態度，提拔眞正優秀的人才爲公司效力。

自從我下了禁令以後，現在過年過節都沒有人敢到我家，我也樂得清閒。有些同窗或朋友不知道其中的緣由，還懷疑地問我說：「你過年怎麼如此清閒啊？公司這麼大，卻沒有一個員工到你家裏來拜年？」

我會開玩笑地說：「我的人緣不好啊！所以沒有員工來拜年。」等到我進一步向他們解釋後，他們才明瞭我嚴格禁止員工來拜年、拍馬屁，違反者會被革職的；存著僥倖心態向上司巴結的行爲，對我來說是絕對行不通的。

## 重紀律，富人情

從公司制度所衍生的文化、特質，則表現在整體風格上，從各部門人員編制、業務功能，到辦公室的格局設計、桌椅排列、室內照明以及上班的氣氛等，無不顯現出有紀律的內涵。

長榮集團在全世界各地設立的公司和辦事處，都是採開放式的格局，課長坐鎮

在每一個「課」單位的最前方，課長前面是二排緊密相靠的辦公桌，旗下成員分坐在辦公桌的兩邊，每個座位之間並沒有隔開。

這種排列的好處是不佔空間，主管容易掌握屬下辦公的情形，同事之間，也能了解彼此的業務內容和工作情形，若遇到同仁業務忙碌或出差請假時，鄰坐的同仁隨時可以支援或接辦，而不致造成業務停擺。

辦公室內桌椅的排列也有一定的規則，各行列的位置和儲櫃平行一致，並對齊地毯上的分隔線，照明設備就沿著桌子上方架設，整個辦公環境務求明亮整齊。

這些細節，在在都影響著員工辦公時的情緒和效率，而且由此也可顯現出公司的紀律和秩序；好比做一件事情，既然要做就要把它做好，不是以隨隨便便、敷衍草率的態度爲之。

有時外賓來訪，常驚訝的問我：「爲什麼你們每個人的辦公桌上看不見茶杯、煙灰缸或私人用品？」

其實這是長榮貫徹精神教育的一種表現，我認爲一個人若在辦公時，一邊喝茶一邊工作，不僅看起來沒有精神，也無法專注事務，而且桌上的茶杯一不小心翻倒，就會打濕文件，所以我在每一樓層皆闢有茶水間，供員工飲用茶水、吃點心使

用。

除了上述的要求外，長榮辦公大樓內徹底實施禁煙，連來賓都不例外。我覺得嘴角裏叼著煙工作，實在有礙觀瞻，也會影響工作效率，加上整個辦公室都瀰漫著煙味，不抽煙的人會很難過，無法繼續工作。

自我開始要求辦公室全面禁煙，每一個進到長榮大樓的人，都可以感受到我們辦公環境的乾淨清爽，更有許多人表示羨慕，因爲禁煙在別的公司推展並沒有這麼徹底；由於我的規定，很多員工都下決心戒掉多年的煙癮，對身體健康有正面幫助。

我對環境的整潔十分注重，因爲環境清新舒爽，對於人的情緒、精神和健康都有益處，間而影響工作、行事和生活的態度，所以我堅持這一項好習慣，應該保持下來。

另一方面，我也要員工平時注重物品的維護，因爲物品勤於保養，則使用的品質就能維持一定，使用年限也較久。長榮企業的員工也都以自動自發的精神，愛惜公司的用品和設備，像同仁們在洗完手用紙拭乾時，都會順手把洗手檯的檯面擦拭乾淨，一物兩用，舉手之勞就可將環境保持清新明亮、乾淨舒適。

公司裏每年都會在年終舉行大掃除，公司從上到下不分階級，每一位同仁都參與打掃，從辦公桌椅、儀器設備、照明燈管，到窗戶玻璃、樓梯間、洗手間等，都包括在我們全員動員的清潔範圍之內。這些地方，我們平常就已保持得相當乾淨，但是讓同仁們親自動手維護公司的環境，將會更有體認。

服裝儀容的整潔也是同樣重要。我常常告訴員工，衣服不一定要穿新的，但保持整潔是必須的，尤其與外界接觸時，整潔的儀表讓人有良好的第一印象，無論洽談或和對方配合業務，都會較爲順利。

在公司裏，女同仁上班時一律穿著綠色外套，男同仁穿著白色系的素色襯衫、打領帶，這也是一種精神的訓練和紀律的表現。

辦公室內，如果每個人都穿不一樣的服裝，就會形成好似在服裝競賽的氣氛，尤其女孩子服裝變化比男生多，今天若看到別人穿得比較漂亮，明天就要想辦法穿得比別人出色才行，心思就會全部花在這些事情上。

如果大家都穿制服，就可以避免這種互相比較和分別的心態，也不會造成浪費的習慣。公司內部曾做過問卷調查，讓員工自由投票選擇是否要穿制服，結果大多數還是希望能維持穿制服的規定。

有賓客來訪時，我一定穿上西裝外套，以示禮貌，尤其海運是一項國際性的事業，對於應有的國際禮儀和常識是不可或缺的。合宜的穿著和儀表，才能受到別人的尊重。

早期在公司裏，我就灌輸員工這種觀念並嚴格要求，所以長榮海運的營業人員出門拜訪貨主時，一定穿著整齊的白襯衫和西裝，讓客戶留下良好的印象。像現在長榮航空的空服員，無論是在機上執勤或進出機場團體行動時，都一律穿著公司制服，顯得精神抖擻、端莊大方，令人印象深刻。

在長榮每位員工都能嚴格遵守上班的紀律，沒有人會利用上班時間處理私事，大多數的員工反而都有自動提早上班及晚點下班的習慣，全力投入工作；陸上的紀律也延伸到船上、機上的海勤、空勤人員。公司嚴禁員工有諸如打架、賭博、私生活不檢點等不良行爲，個人的品行操守被列爲人事首要考核的項目之一，若發現有任何違背公司規定的行爲，即會予以懲處。

記得在船上任職大副時，由於我一向很重視紀律和規矩，管人很嚴格，對工作品質的要求也很高，所以當時那些船員都稱呼我「警察」，但另一方面我對他們也很尊重，並時常給他們打氣；像每次在船邊裝卸貨物時，我對於作業的效率和貨物的

完整無損十分注重，但看到工人在碼頭工作得很辛苦，我也會自掏腰包，買一、二箱啤酒請他們喝，大家都配合得很愉快。

經營一家公司，在管理上固然要賞罰分明，但也要兼顧情理，才能既保有紀律，也富有人情味。

## 挑戰．創新．團隊

所謂的長榮精神，就是指「挑戰」、「創新」、「團隊」，這是在公司開創之初，我和公司元老級同仁們大家所凝聚出來的共識，並以此精神世代傳承。

我常告訴員工，每一個人都應該要有不畏艱難的挑戰精神，遇到困難不要還沒有做就先說做不到，一定要想辦法克服、去嘗試突破，要是挑戰成功，你的收穫必然會更多，心靈也會感到非常的愉快。如果遇到困難只會退縮，不僅沒有擔當事務的責任感，自己也永遠不會有所長進。

以積極的態度而言，一個人還可從主動觀察、學習的經驗中，保持不斷突破和創新的活力，並配合時代潮流的演變，隨時修正自己的腳步，如此公司的發展才不會受到限制。

然而，一個能夠不斷想出IDEA的人固然很厲害，但是一個人的力量畢竟有限，必須再設法去結合眾人的智慧和力量，才可以開花結果。

古時候，中醫常有所謂的祖傳秘方，其神奇之處就在不對外公開，父傳子，子傳孫，如果沒有傳人可以延續下去，救人不成反而會誤人。因此我常強調，在長榮，絕不容許有「秘方」存在，凡事都不可以藏私，要有團隊和與人分享的精神，

強調以「道德心」做事的長榮，常藉著倫理道德教育激勵員工

公司才能長遠發展下去。

除了長榮精神外，爲人處世我最強調「道德心」。記得日據時代，學校課程裏有「修身」這門課，教導學生爲人處世的道理和倫理道德觀念，這些爲人不可或缺的本質，從小就在我的心裏根深蒂固，成爲我行事的原則。所以，長榮對於員工的教育訓練，除了工作的技能，還包括道德精神的教育。

公司內部經常舉辦以倫理道德爲題材的講座，希望帶給員工歡喜和樂的心靈，鼓勵光明積極的人生觀，並藉由員工將善良的風氣散佈到每個家庭。

我認爲一個人最重要的，就是其精神和意志力，凡事用不用心、盡不盡力，結果就有很大的差別，但這決定是在自己，有貫徹到底的決心和毅力，才能夠把事情做得圓滿成功。我相信一個人如果很能受教，養成自我成爲一個有教養、內涵和學識的人，意志力又夠堅定，那麼任何難關都衝得過去，這樣的成就是屬於其個人一輩子受用無窮，絕不僅是公司所得。

有人說長榮的管理是「日本式管理」，其實長榮的管理制度是取各家精華，由我自創的「長榮管理模式」。

我認爲企業管理，要合乎民族性、社會型態、生活環境及教育水準等特性，就企業需求加以調整，才能規劃出一套適宜的管理模式，而不是盲目地將所謂的「哈佛式管理」、「日本式管理」，一成不變地套用在不同國情、不同企業的身上，如此並不合宜，也不會有預期的效果。

時下很多年輕人在國外修得企管學位後，就認爲對經營學已經有十足把握，可以自己當老闆，其實經營管理不是死板板的理論，而是會隨著人、事、地、物、時代潮流等因素不斷的改變。

即使是國際知名企管學院的專家，也不一定就懂得如何經營企業，學校所學的只是理論而已，企業經營則要面對激烈的競爭，唯有經過自己學習、突破和勤勞打拚所獲得的經驗才眞正管用。

以經營階層的聘任爲例，日本企業裏的社長一職，其任期是四年，而一般要勝任大企業社長的工作，要以三至四年的時間，才能夠掌握全盤狀況；如果在職期間短暫，在位者只是墨守成規，不敢冒險行事，往往到任期結束時仍無所建樹。另外

在長榮，公司與員工間有一份如同親人般的深厚情感

年齡也是一個問題，社長一職規定是六十五歲退休，如果六十一、二歲才升到社長，當然就更保守了。

我發現，高層主管長期握有公司經營權，是日本企業成功與否的關鍵因素。以我的經驗來說，我四十二歲時創立長榮海運，對於開創航線和迎接挑戰都是自信滿滿、勇往直前，而長期領導公司，自然就會磨練出一些心得，因此，我認爲經營階層若採短期任用制，將有礙公司發展。

長榮集團管理階層的年齡，比國內其他企業團體較爲年輕，其原由是因爲員工都是在甫出校門即進入長榮集團，長期訓練下來，其專業及視野都已足擔

大任；而年齡也才不過四十幾歲而已，這些菁英更有足夠的精力、體力，把累積的經驗貢獻在公司的業務上。

再者，隨著科技文明的發展，偏向技術層面的業務，如電腦化作業等，讓年輕人來發揮，才能跟得上時代的進步。因此，公司培育人才，應結合資深前輩的豐富經驗與年輕一輩的幹勁與新知，才能不斷開創公司的前景。

但是在歐美國家則盛行跳槽，員工在一家公司做了一、兩年之後就換到另一家公司，越跳槽職位越高，嚴格來說，這種風氣對公司和員工雙方都沒有保障。

歐美公司不採終身僱用制，隨時都可能解僱員工，因此員工也沒有長久待在同一家公司的打算，有機會就跳槽，久而久之即形成惡性循環。

長榮的管理哲學，則是在於締造大家庭的和諧，公司提供給員工優渥的薪資福利、公平客觀的工作環境以及升遷遠景，並願意投下心力栽培員工，和員工共同分享公司的盈餘，讓員工安心在此紮根成長，把公司當成是自己的事業一般去經營，公司上上下下就像是一家人一樣親近、團結。

長榮的員工離職率一向偏低，對青年學子「最想進入的企業」排名調查中，長榮集團一直名列前茅；有人就問我長榮成功的秘訣何在，我總回答說，我們的員工

比別人勤勞，對工作都能自動自發，且公司對員工照顧，員工對公司認同，大家才有感情，並且同心同行。

我非常希望員工把公司當成是一個大家庭，同事間要有溫情，工作的氣氛良好，員工自然喜歡到公司工作。

記得長榮海運成立初期，公司的辦公室尚設在長安東路的時候，就開始提供員工免費的午餐。

在這之前，員工大都是帶便當到公司，中午蒸熱了再食用。可是再加熱的飯菜，就失去了原有的味道和營養，冬天時飯菜也容易變冷，吃起來對腸胃不好。另外我也注意到，中午用餐時，有些員工刻意跑到較沒人的地方，自己一

長榮就像一個大家庭，不僅注重員工的生涯規劃，也創造和諧愉快的工作氣氛

個人吃飯。

經過了解，有些員工的家境較差，帶的午餐相當簡單，爲了怕別人看到自己便當的寒酸，所以就躲得遠遠的用餐。

我認爲這種情形會在員工之間產生比較心理，也容易傷到同仁的自尊心，所以我決定請外面的餐廳包伙，免費提供員工午餐。開始時，我們找到附近的一家「梅子餐廳」包辦。當時這家餐廳並不是頂有名，自接了長榮的午餐生意後，生意就越做越大。

後來公司遷到松江路，附近並沒有餐廳，一度改發津貼。可是我發現，大家都跑去路邊攤上吃，而路邊的車煙塵土瀰漫，實在很不衛生；若碰到下雨天，外食也十分不便。後來我決定公司自行設置廚房，找廚師來料理員工的午餐伙食；員工加班的時候，也都可以利用得到。

如今長榮集團的每一家關係企業都設有廚房包辦員工的伙食，而且葷菜和素菜都有。爲了衛生起見，公司廚師和餐勤人員都由公司招募，並定期舉行健康檢查，雖然人事成本、場地設備、菜餚等費用累積起來，也是一大筆開支，但是唯有如此才能確保員工的飲食衛生，我覺得相當值得。

值得一提的是，我一直都隨機施行品德教育，在用餐上也不例外。公司早上所供應的自助早餐，以低於成本的價格服務員工，在早餐台邊放著一空盤子，給用餐的員工投錢，周圍沒有人監看，完全讓員工憑良心付錢。這樣做是想教育員工，在沒人看管時，也能做到誠實不欺。

對於員工的健康，我相當重視，所以早期我在公司裏就設立有醫務室，聘請專業的醫護人員，提供員工一般性的醫療和諮詢服務；且自一九八二年起，亦委託外界醫療機構，定期爲員工做健康檢查，費用由公司負擔。一九九二年更購進最新型的醫療設備，如X光、超音波、心電圖等設備，增強醫療服務的功能。

一般人都沒有定期做健檢的習慣，有的人甚至因爲害怕會檢查出什麼毛病，而不敢去看醫生；公司提供這項福利，就是爲了員工的健康著想。

我常告訴公司幹部，用人要看人的優點，用他的長處，不要只看缺點，有缺點應該教他改正，不懂的地方，要有耐心的教導他，教到會爲止；如果只注意看人家的短處，那每個人都有缺點，工作就永遠無法圓滿完成了。

而且，做一個稱職的主管，要有愛心與寬容的度量，能把自己的經驗傳授給屬下，如此才是一個成功、受人尊敬的人。不能以主管的位階，強壓屬下要尊敬你，

張榮發榮獲美國南卡羅萊那州州立大學授予企管學榮譽博士學位，
他認為以實力和貢獻獲得社會大衆的認同，才是實至名歸的「社會秀才」

要得到屬下的尊敬，應該是從平時的行事作爲著手，讓屬下打從心底尊敬才對。

早期，我的個性十分嚴厲，對員工要求很高，但員工犯錯，罵歸罵，並不表示我因此會否定他的能力；其實我對他們苛責越多，表示我對他們期望很高，希望有朝一日，這群年輕人都能成爲公司的中流砥柱。

隨著社會不斷變遷，現在的新新人類和過去的員工有很大的差別，也較不能吃苦，我認爲那是因爲他們的成長背景與環境，與我們那個時代大不相同的緣故。就因爲如此，做主管的人要更有愛心，不吝惜花更多的心思，教導他們

學習正確的待人處世態度，如此才能凝聚員工的向心力，公司對新生代的培育才有辦法落實，不致出現斷層與退步的現象。

我常向主管人員強調，公司的基本精神和道德觀念，必須一直傳承下去，而管理的方法則應該隨著時代、社會環境的不同，做彈性的調整，如此才能不斷地培養新血，讓企業永續經營。

總之，身為一個經營者，應該具備機敏的應變能力，來適應周圍環境的變遷，順應時代的潮流，帶動公司迎向未來的發展；另一方面，則要秉持道德心，主動關懷屬下，注重與員工間的溝通，創造和諧愉快的工作環境，讓員工一想到來公司上班，心中便感到欣喜。

企業要經營得宜，貢獻社會，才是一個經營者應該努力和追求的目標，讓在公司服務的員工，都感到引以為榮，員工不論到那裏，都能受到別人的尊重和賞識，這樣經營一個企業以及身為這家企業的員工，才會有價值。

# 二、永續經營

## 紮實的市調工作

常會有人問我，何以長榮做什麼都能成功，其實長榮集團能發展成今天的規模，沒有所謂的「奇蹟」或「神話」存在，完全是靠著許多人一步一步腳踏實地的努力所獲致。現在大家看到的是長榮成功的一面，殊不知在逐步成長、擴充的歷程中，每一次爲執行一項計劃，都投注非一般人所能想像的心血。

企業要發展，除了必須具備前瞻的洞察力和果斷的魄力之外，時機的掌握、計劃的周延以及付諸行動的效率，都是不可或缺的重要因素，草率倉促或投機僥倖，在長榮的行事準則中是找不到的。

無論從事任何一項投資，我都堅持務必做過詳實徹底的市場調查，具有充分的

計劃與準備之後，才能付諸執行；唯有透過紮實的市調工作，才能做出正確的決策，掌握住市場脈動及商機。

雖然從事市場調查需要付出極高的代價，但是若沒有掌握確切的情報就妄下投資，不僅無法長期在市場上競爭，更甚者，若做出錯誤決定，還可能連帶拖垮公司的經營。

尤其長榮集團經營國際性的海運、航空事業，面對各個國家不同的政經局勢和投資法令，其中所隱含的風險更是需要深入瞭解、評估。當我們要開闢一條新航線或從事新投資之前，公司總是毫不吝惜地投注資金和人力，進行深入的市場調查，以做爲籌備工作的依據和方向。

以開闢遠洋定期航線來說，台灣早期船公司以經營近洋航線爲主，但以我對這個市場的了解，我相信屬於海島型經濟的台灣，海運發展相當有前景，因此，即使處於創業維艱的階段，我仍極力排除萬難，開拓這個市場；爾後因感貨櫃化的時機成熟，便轉型朝全面貨櫃化發展。

長榮海運發展貨櫃化時，光在市場調查上，就投注了一百萬美元，以及二年的時間和龐大的人力，這對當時規模尚小的長榮而言，是一項重大投資，但今天回想

起來，那時若沒有深入的調查，也不敢冒險投入貨櫃化，當然也沒有今天長榮的規模。

但別人並不了解我們所下的功夫，看到長榮從沒沒無名變成世界最大的貨櫃船公司，就說我們的成功是僥倖碰運氣，也有人多方揣測長榮快速成長的原因，穿鑿附會的流言到處散佈。

在做市場調查時，一定要充分掌握時效，因爲市場瞬息萬變，如果動作不夠積極，那麼就很容易讓競爭對手搶得先機，因此，市調工作除了務必徹底周詳外，行動的效率也是攸關成敗的關鍵之一。

一般而言，我們一設定了目標，便立即召集成員開會討論，並組成市調小組、分配工作，只要出國手續一辦妥，小組成員即刻機動性地分別搭機出發，展開一系列的實地考察和資料蒐集工作，內容包括當地的天然條件、同業動態、法律規定、市場狀況、軟硬體設備、人力資源、成本結構等方面。

接著，我們依據所獲得的資訊，進行研討分析，計算成本結構，再做出營運評估報告。如果評估結果認爲可行，即訂定計劃步驟，通力展開籌備工作，並分階段繼續進行各項細步規劃和市調工作，如拜訪潛在客戶、訂造船舶機具、設立服務據

長榮的成功是藉由一步步腳踏實地的努力所致

點、尋找配合的業者等。

我們所執行的市場調查工作，並非只在事前做一次調查就結束了，而是訂立幾個不同的階段，分批派遣調查小組做實地深入的勘察。小組成員秉持小心謹慎、鉅細靡遺的工作態度，務使提出來的分析報告，是切合市場需求與發展趨勢，若研討中有疑慮，就再次出國追根究柢，絕不容許有誤差發生。當這些調查成果都做出來後，公司上下便全力投入推動該項投資計劃。

長榮的投資腳步一直都是走在別人前面，沒有同業可借鏡，所以充分的市調和準備更顯重要。以長榮海運所開闢的每一條航線來說，都有其困難點，像

是迭遭運費同盟的排擠抵制、爭取貨主的認同支持，以及每個國家、區域不同的配合條件等，再加上考量當時公司本身的規模、資金、人力、設備等，眞是如臨深淵、如履薄冰，才得以站穩每一個發展階段。

早期，我都是親自率領市調小組，到國外做考察，企劃案的進展也由我統籌指揮，這種實事求是、劍及履及的精神一直傳承下來，現在即使有我無法親自參與的規劃案，同仁們都能自動自發，秉持這種態度去進行策劃、研發。

## 實事求是，追根究柢

我常告訴員工：「看沒有白看的。」凡事要多聽、多看，再用心思考其中的道理，必然會有所收穫，無論是公務出差或旅遊，都要把握機會處處觀察、仔細比較，除了掌握最新資訊外，更要有追根究柢的學習態度，如此才能培養出自我的創造力，平時累積了實力，才能爲日後的發展奠下根基。

舉例來說，同仁到國外出差，可以看到各地不同的建設和文化，像是街道的規劃、大樓的設計、環境的維護等，觀察其中的差異和原因，即可做爲自己學習的一種心得。打趣來說，看到漂亮的小姐，也可以注意她爲何看起來讓人舒服的原因，

張榮發前往波音公司實地了解飛機製造情形

張榮發視察長榮船舶在造船廠延長船體的情形

是服裝儀表，還是親切甜美的態度？推究其答案，就可以做爲自己在待人接物上的參考。

一般人也許不知道，有關長榮集團諸多事物的設計，像是歷代船舶演變、飛機外觀設計、艙內配置、旅館規劃、建築設計，甚至是公司贈品，我都親自參與。而這些源源不斷的構思創意（IDEA），是我從平常閱讀書籍或到世界各國視察業務時，留心參考別人的東西後，累積起來並加以融會貫通的心得。

我目前仍不斷地走訪世界各國，巡視集團各項業務進展，接觸最新的資訊，並和公司裏相關部門主管做討論；因爲市場的變化日新月異，要跟得上時代的趨勢，才不會被淘汰。

這種仔細觀察、不斷學習的精神，是我常常向員工強調的做事態度，我自己爲了開發各項投資計劃，一向都比別人更下功夫研究，不僅事先讀書鑽研、積極到國外蒐集資料，還常常到相關的公司去觀摩學習。

像爲了要了解飛機的製造過程，我數次到美國波音和麥道飛機製造公司考察，也到奇異（GE）引擎公司去了解飛機引擎的設計、製造，並以自己所瞭解的船舶知識和飛機的設計互相比較，求出心得。

在機艙座位規劃上，我也都是趁搭飛機之便，用隨身攜帶的皮尺，丈量出各公司頭等艙、商務艙與經濟艙座椅的間距、大小；在機上並研究各家航空公司不同的餐飲設計及空服員的服務態度等，以作爲經營航空事業的參考。

爲了發展國際連鎖旅館，我一方面責成工作小組進行市場研究、評估與規劃，自己也大量蒐集各國際知名連鎖旅館的資訊，並走訪歐美十幾個國家以實地了解。

每住進飯店，我就拿出量尺，測量走道、房間、浴室的寬窄、大小，天花板的高度，家具的擺設等，體驗如何才能讓客人覺得最便利適意；也會拍照記錄客房的洗臉台、浴缸是如何設計，甚至連盥洗用品的種類、包裝、味道、大小等，我都會加以留意，並將香皀、洗髮乳、乳液等，蒐集起來逐一比較，以做爲設計的參考。

另外，像一些該注意的小地方，如隔音設備做得好不好，晚上放洗澡水時，隔壁房間是否受干擾等，這些小地方看似不重要，客戶也未必能立即發現，但若能兼顧，就能顯現出服務品質。

所謂「大處著眼，小處著手。」這種腳踏實地、求眞求知的精神，已成爲集團員工的處事態度，也是長榮集團能夠在海、陸、空的領域裏佔有一席之地的主要原因之一。

## 合理化的成本策略

一提到成本控制，一般人可能會直接想到像是削減預算、裁撤人員、壓低員工薪資、殺低原料價格等方向上去，但我認爲這些做法會直接影響服務品質或員工的待遇、情緒，而且容易造成惡性循環，對公司信譽及長期發展有不利影響。所以，成本控制策略必須要合理化，減少不必要的浪費，增加業務的機會，如此才能眞正提升競爭實力。

我所謂的合理化成本觀念，除了合理而科學的控制各項可能影響成本的因素外，平時就應該做到減少不必要的支出，若是對成本控制沒有全盤規劃，等到不景氣或遭遇競爭對手挑戰時，才開始以前述手段因應，恐怕已無力回天。

我認爲，有效掌控成本才能在市場上站穩腳步，因此，在投資任何一項業務之前，我一定會先透過詳實的市場調查，精算出自己的成本、利潤後，才會投資經營。我一再灌輸員工要有成本觀念，在業務的執行上，必須以成本底線爲價格的考量，絕不能隨著市場波動起舞、削價競爭，否則表面上也許艙位滿載，卻會造成實質虧損的結果。

張榮發於日本尾道造船廠主持「長義輪」的起工儀式

在設計新船型時，要兼顧裝載量、燃油效率、船員人數和市場發展等

長榮海運以往每次在市場上領先其他業者時，競爭者常會以「削價競爭」的謠言來中傷我們，企圖封殺長榮的發展；但是，如果長榮以不敷成本的策略流血經營，怎麼可能每年都賺錢。

各種產業、各家公司經營成本的高低，會因其規模和績效而不同，不能一概而論，正如我不同意以限制各船公司的艙位，來解決所謂「船噸過剩（OVER TONNAGE）」的問題一樣，因爲每家船公司提供出來的服務品質不同，貨主當然有選擇船公司的權利，也唯有如此，才能促進業界的良性競爭和進步。因此，企業若要維持一定的服務品質，又要在競爭激烈的市場上生存，就必須多動腦筋，從各方面詳加思考。

以船公司來說，船型的規劃和貨櫃存量的控管，對成本和競爭力有直接的影響。一般而言，船公司必須擁有的貨櫃存量，約爲其營運船隊總承載量的二．五倍至三倍，但長榮將貨櫃存量控制在一．九倍至二倍之間。

長榮海運的作法，是將每一只貨櫃的進出都輸入電腦建檔，加以追蹤管控，杜絕留滯或遺失的情形發生，並增加調度的機動性，所以長榮海運貨櫃成本，自然比其他船公司少上許多。

另外，在設計新船型時，不僅要開發具有最大貨櫃裝載能力的經濟船型，將燃

油效率保持在最佳狀態，迴避石油價格大幅波動的風險，並儘量建造容易操作的自動化船，船員人數才能跟著精簡。精簡船員數是長榮海運謀求成本合理化的一項重大突破，以全球航運界來看，長榮船隊所編列的船員人數，一直都是最精簡的。

以一九八四年長榮海運開闢環球航線的二、七二八TEU「G」型船爲例，當時船上只需派遣十六名船員，但爲了培養輪機人員，我們增加了一名，共編列十七人，其他公司的同型船，則必須配置二十五人；現在長榮的「R」型船，每艘裝載量爲四、二二九TEU，只需要配置十三名船員即可，人數

船舶在建造時即預留日後可供船體延長的條件，以保有市場機動性

配置合理精簡的做法，也成為其他船公司仿傚的目標。

長榮在建造新船時，都試圖將成本與市場競爭力做最周詳的考量，以我們開闢第一條貨櫃航線的「S」型船來說，我們在設計時，先規劃六〇〇TEU的裝載量，並預留未來船體延長（JUMBO）的各項條件，如鐵板的承受力、船速的控制、馬力的大小等，如果市場反應良好，只需將船體加長，幾個月的時間內即可增加運送量。若貨載情況不佳時，則可改派其行駛近洋區域航線；如此不僅不會造成浪費，對市場榮衰亦保有絕佳的機動性，這何嘗不是一項有效控制成本的作法。

另以長榮航空的經營來說，在機隊配置上，一律購買新機，且從一開始即注意飛機的維護保養；在維修方面，即使零件到期仍無損壞，我們還是按時更新，舊的組件作廢，絕不吝惜，以至能將故障率降至最低，維持機隊順暢的運轉調度。

值得一提的是，訂購同型的船舶、飛機、引擎，不僅可減少零件庫存量，對於人員的訓練和配置也都能發揮最大的經濟效益。

有人曾問我：「長榮的船舶維修保養良好，為何不在使用年限將屆時賣出，如此就可以另外得到一筆資金？」

對於淘汰的舊船，我傾向將其解體，而不出售。海運市場上，不管新船或舊

船，運費都一樣，如果把這舊船賣掉，反而會變成你競爭對手的利器；如果你花了數千萬美元所建造的船，別人只需用三、四百萬美元買的舊船，就能和你競爭，如此將對自己產生不利的影響，所以成本策略不能只顧到眼前小利。

事實上，能夠節省成本的地方處處都是，謀求成本合理化的成效在於執行的決心。像資金的管理運用，也是其中相當重要的一環；有健全的財務管理系統，公司的業務擴充才有強力的後盾，反之，資金的積壓將會造成更大的成本負擔。

長榮海運創立初期，我常爲了資金的籌措而勞頓奔波，深感資金短絀時，即使有再好的計劃和人才也難以伸展理想，所以我花了很多的心思，去研究及建立一套資金和財務管理系統。

像對全球各地的分公司、辦事處、代理行及配合業者等，採用嚴格的費用審查制度就是例證。

一般船公司從代理行處收回運費的時間需要三個月左右，我認爲時間太長，資金難以靈活周轉運用。爲改善這種情形，長榮將代理行的運費收入與費用支出分開處理，規定代理行必須在期限內把運費收齊，至於總公司該支付給代理行的費用，則由長榮總公司在審查後直接支付，代理行不得將總公司應支付的費用，自所收取

張榮發認為一個負責任的經營者應將公司的長遠發展擺在第一優先考量

的運費中先行扣除；收支帳目分開處理，不僅縮短收回運費的時間，在資金的調度上也更加靈活。

爲落實資金管理，長榮在組織內編制有一專門稽查國內外帳款的部門，爲維持其獨立性，特別與會計部門分開，以充分發揮嚴密監督的功能，該單位設立後，約降低公司百分之十的營運成本，可見其效果之一斑。

除了積極減少浪費外，若公司於經營過程中，發現外在環境發生重大改變或遇到不可抗力的狀況時，經營決策者要當機立斷，即刻修正或中止正進行中的計劃，以免造成往後更大的損失。

像長榮航空決定以客貨兩用機投入

營運時，立即要求飛機公司變更設計，雖然此舉將增加龐大費用，但若躊躇遲延或採取妥協態度，不僅將造成投資的浪費，反而會延誤公司的發展。

長榮航空在籌備期間，即在人員訓練、飛安管理上，投注鉅額資金，雖然公司成長迅速，卻因先前投資龐大，難以在短期內創造盈餘；爲了徹底改善公司的財務結構，減輕公司的財務負擔，我毅然減資新台幣六十三億元。

因減資所產生的損失，須由股東自行吸收，而我自己是長榮航空的大股東，減資對我個人而言，損失相當龐大，換了別人一定不願意，但我相信唯有如此，公司的營運才能夠早日步上正軌。

企業面臨決策時刻，經營者要有決斷魄力，拋掉自私的念頭，勇於突破，才能迎頭趕上、甚至超越其他競爭者；捨不得眼前的利益，常會錯失再發展的良機，經營者有這樣的觀念，企業的未來才有希望。

而企業經營者也要避免在景氣好、公司獲利佳時，就放鬆對成本的控管或隨意增加人員的編制，遇到景氣低迷時，又採裁員方式應變；未雨綢繆，及早做好萬全的準備，公司的發展和員工的生計才有保障。

一個好的經營者，不會在不景氣時，以裁員的方式來降低成本，反而更應該關

海運是一項國際性的事業，海運人是真正的「國際人」

照員工的家計。然而要具有這種實力，在平時就要妥善規劃，賺錢的時候應適當保留盈餘，日後才能平穩度過經濟不景氣的黑暗期。

長榮集團有幾家公司在台灣上市、上櫃，每年召開股東大會時，有的股東會要求公司多發放一點股利，但我都未予採納。這是因爲就一個公司的永續經營而言，必須要累積一定的實力以度過景氣低迷期；如果當公司一獲利，即把盈餘毫不保留分配給股東，這對公司的長遠發展將產生潛在的危機。

其實我個人擁有各公司股份算是最多的，若紅利分得多，我個人的獲利最大，但是一個負責任的經營者不能只顧

經營多角化的長榮集團

到自己的利益，要將公司長遠的發展放在優先考量位置，以萬全的準備，帶領公司進入永續經營的穩健成長中。

## 企業集團化，經營多角化

不論在為人處世或是經營公司上，我常強調「一貫」的精神，所謂「一貫」就是有始有終，在業務規劃上，則要整合成一氣呵成的周延服務，以貫徹其品質。

長榮集團以海運起家，除了要鞏固海運的各項事務之外，還要將海運周邊的各個環節以及國內、外分支機構，全部連結起來，緊密配合，相輔相成。

一九六八年長榮海運公司甫成立，

第二年就開始朝遠洋定期航線發展，隨著中東、中南美航線的闢建，我們也開始建構海外據點，陸續增加代理行和國外駐在員。

為了配合一九七五年開闢貨櫃航線，我們即開始在美國設立公司、辦事處，以強化當地的業務；歐洲及地中海市場方面，鑑於當地多元化的國情，我們擇定由各國之代理行，來負責當地的業務。

目前長榮海運在全世界有兩百多個服務據點，遍佈亞洲、美洲、歐洲、澳洲及非洲六十餘個國家，無論是國內、外據點，分公司抑或代理行，都以緊密的網路連絡，所以長榮海運可說是一國際化徹底的企業，有人將之稱為「日不落企業」。

在海運周邊服務的強化方面，一九七三年我為了籌備全面貨櫃化作業，即在台灣成立了經營貨櫃拖車的長榮運輸公司。之後為配合一九八四年長榮開闢環球航線，公司也開始朝多角化經營，陸續成立了生產貨櫃和拖車車架的長榮重工公司、經營貨櫃集散場的長榮貨櫃公司、專責近洋等區域航線的立榮海運公司等；各關係企業間大家分工負責、緊密配合，將海運之服務延伸並襯托得更出色。

完成海運和陸運的國際性運輸網路後，我即構想再朝空運拓展，成為一海、陸、空全方位之國際運輸系統。一九八八年我們申請籌設長榮航空，一九九一年七

月正式起飛，以長榮海運在國際上奠定的知名度和信譽，對長榮航空客、貨運的發展都有大力的幫助。

基於同樣的一貫理念，許多和航空事業相關的業務陸續建立，首先興建飛機修護中心、飛航人員及空服員訓練中心，強化飛安及服務的工作，並長期培養專業人才；之後又設立提供機場地勤業務的長榮航勤公司、洗滌服務的長榮清勤公司、機上餐飲的長榮空廚公司、陸上遊覽客運的長航通運公司等。

長榮亦自行發展一套旅館管理體系，進軍國際，規劃在世界各地開發高品質的商務、觀光和休閒旅館，長榮國際連鎖旅館已陸續在台中、基隆、曼谷、檳城、巴黎等地興建、啓用，每家飯店都以「桂冠」名之（EVERGREEN LAUREL HOTEL），象徵其品質有如歐洲頒予詩人的最高頭銜。

此外，我亦設立長榮國際公司，其成立的主要任務，是負責監督管理集團內各關係企業的重任，以維繫集團一貫的品質和精神；此外並企劃開發多角化的業務，整合籌劃集團未來之發展方向。

長榮集團全球關係企業的建立，都是遵循長榮體系和制度籌備、設立，而各關係企業再視其業務需要，對外尋求合作及投資機會。以人才來說，長榮集團每發展

一項新投資，都是在集團內部先行成立專案小組，從事市場調查及籌備部署的工作；公司成立之後，亦由集團派遣人才支援，奠定制度。

目前長榮集團在國內、外投資設立的關係企業，共計有二十餘家。雖然其他可供投資的事業很多，但若不是爲了加強本業需要，或是由本業所延伸之多角化業務，我都持著較保守的態度。

未來，長榮集團的發展規劃，仍以長榮國際、長榮海運、長榮航空爲三大主軸繼續延伸、強化，且以海運和航空爲兩大體系，並由長榮國際公司總責控股和監督管理。

## 世代傳承

東方人對事業的傳承傾向傳子不傳賢，無論子女是否有興趣或能力，均執意由其接管經營大權，有的甚至在子女一開始到公司上班時，就讓他們直接擔任高級主管的職位，參與公司的經營。

子女若有興趣、有能力，當然可以積極地栽培，由基層開始學習，但假如他們的興趣是在其他方面，我認爲不要勉強，讓他們單純擔任公司的股東就好了，經營

管理的重責大任，就由董事會遴選公司內資歷豐富、能力強的優秀人才擔任，如此企業才能永續經營、歷久不衰，進而不斷突破現狀，續創事業巔峰。

歐美有很多全球知名的百年企業，如汽車、石油公司等，其所以能夠持續百年而不衰的原因，就是他們不堅持由子女接棒，而是由董事會遴選傑出能幹的專業經理人，來負責公司的營運。

儘管公司的大股東並不一定是由自己擔任經營者，但是其所扮演的角色相當重要，即是要讓董事會充分發揮功能，公司才能維持穩定而正常的運轉。

以長榮集團主要經營的海運和航空事業來說，都是相當專門的行業，社會上有關這方面的既有人才少之又少，長期以來，都是仰賴公司自行培養的人才和管理模式來經營。

若由外人入主董事會，則他們一來對於這些專門行業的經營外行，再加上他們若持短暫介入或圖謀個人私利的心態，那麼勢將傷害公司的經營發展，所以，我要求集團的每一家公司，公司的主要股東都必須握有大部份的股權。

企業經營者是否適任攸關公司的未來，所以接班人務必要以長期浸濡在公司專業領域，且深諳公司企業文化的資深優秀人才爲首要考量。

## EVERGREEN WORLDWIDE NETWORK

海外地區的關係企業－ SUBSIDIARIES IN ABROAD

長榮國際有限公司(巴拿馬)
**EVERGREEN INTERNATIONAL S. A.**

長 榮 美 國 有 限 公 司
**EVERGREEN AMERICA CORPORATION**

長 榮 德 國 有 限 公 司
**EVERGREEN DEUTSCHLAND GMBH**

エバーグリーン・ジャパン株式会社
**EVERGREEN JAPAN CORPORATION**

長 榮 英 國 有 限 公 司
**EVERGREEN U.K. LIMITED**

長 榮 香 港 有 限 公 司
**EVERGREEN STAR HONG KONG LTD.**

長 榮 造 船 株 式 会 社
**EVERGREEN SHIPYARD CORPORATION**

長 榮 重 工（馬）有 限 公 司
**EVERGREEN HEAVY INDUSTRIAL CORP. (M) BERHAD**

長 榮 菲 律 賓 公 司
**EVERGREEN PHILIPPINES CORPORATION**

長榮桂冠酒店(曼谷)
**EVERGREEN LAUREL HOTEL**
(BANGKOK)

長榮桂冠酒店(檳城)
**EVERGREEN LAUREL HOTEL**
(PENANG)

長榮桂冠酒店(巴黎)
**EVERGREEN LAUREL HOTEL**
( PARIS )

## 長榮集團全球組織網

### 台灣地區的關係企業－SUBSIDIARIES IN TAIWAN

長榮國際股份有限公司
EVERGREEN INTERNATIONAL CORP.

長榮海運股份有限公司
EVERGREEN MARINE CORP. (TAIWAN) LTD.

長榮航空股份有限公司
EVA AIRWAYS CORPORATION

立榮海運股份有限公司
UNIGLORY MARINE CORPORATION

長榮重工股份有限公司
EVERGREEN HEAVY INDUSTRIAL CORP.

長榮貨櫃股份有限公司
EVERGREEN CONTAINER TERMINAL CORP.

長榮運輸股份有限公司
EVERGREEN TRANSPORT CORPORATION

長榮航勤股份有限公司
EVERGREEN AIRLINE SERVICES CORPORATION

長榮清勤股份有限公司
EVERGREEN MULTI-SERVICE CORPORATION

長榮空廚股份有限公司
EVERGREEN SKY CATERING CORPORATION

長航通運股份有限公司
EVERVOYAGE TRANSPORT CORPORATION

長榮桂冠酒店(台中)
EVERGREEN LAUREL HOTEL
(TAICHUNG)

長榮桂冠酒店(基隆)
EVERGREEN LAUREL HOTEL
(KEELUNG)

長榮集團的交棒計劃是按階段進行的，接班者的人選須兼顧資歷、工作能力與領導管理能力，是爲整體考量。

從一九九三年開始，我即陸續把長榮集團各關係企業董事長的職位，交由集團裏資深、優秀的人才來擔任，自己只專任長榮集團總裁一職。

目前集團三大系統的領導公司：長榮國際、長榮海運及長榮航空，已陸續調升集團資深幹部擔任領導階層，包括董事長、副董事長及總經理等職。這些高級主管都是從基層做起的員工，在集團的平均資歷也長達二十年以上，工作表現與領導能力堪稱爲優秀的專業經理人。

早期長榮集團都是由我一個人領導，但隨著事業體不斷地擴展與延伸，已逐步實施充分授權，以群策群力的模式，繼續推展集團的業務。

我是一個喜愛工作並能從中得到樂趣的人，對於經營自己一手打拚出來的事業，永遠不會倦怠。如今專任總裁的職務，不僅全盤掌握集團業務的大方向，也可以兼顧到集團內各事業體的均衡發展，並且將經驗完全傳承下去，讓接棒人早日獨當一面。

# 第8部

EVER GREEN

人越往上爬越不能忘本，
還要有感恩和回饋社會的心。
天道即是眞理，
修道使人更具道德心，行事端正。

# 一、回饋社會

## 培育海洋子弟，扶植海事教育

我總是覺得，一個懂得謙虛和飲水思源的人，應該像柳樹一樣，當它越壯大時，枝葉就越下垂，好比人越有成就時越不能忘本，還要有感恩和回饋社會的心。而回饋社會的機會和方式處處皆是，努力經營企業、培育有用的人才、讓員工有安定的生活和積極的人生觀等，都是回饋社會的方式。

我長期從事海運事業，深知海運對我國經貿發展的重要性，而要使海運事業更加蓬勃發展，則必須要有計劃的培養高級海事人才。

自一九七〇年，即長榮海運創立的第三年開始，我就在各海事學校及大專院校的相關科系設立長榮海運助學金，協助家境清寒、有志於航海事業的學生完成學

1981年張榮發接受總統蔣經國先生頒發「熱心教育」的匾額

1989年5月，淡江大學航海系第十屆及輪機系第九屆應屆畢業生代表
致獻「嘉惠學子」及「春風廣被」感謝牌予張榮發

業。

這項助學金是針對品學兼優的清寒子弟，每學期提供助學金（一九七〇年時每名學生每學期的助學金爲新台幣五千元），以支付他們的學雜費及在學期間全部生活、住宿費用，讓學生無後顧之憂專心學業。

助學金的設立，並未附帶條件或義務，要領取者在畢業後到長榮海運公司服務。歷年來設有長榮海運助學金的學校計有海洋大學、中國海專、高雄海專、交通大學工學院等。

此外，長榮海運也提供接受獎助的學生，在寒暑假期間到長榮海運和所屬船隻實習的機會，讓學生利用工讀賺取津貼，減少家庭負擔；另一方面亦可充實海運實務的知識和經驗。

早期大專院校派學生到船公司實習，船公司大多不接受，爲了支持海事高等教育的發展，長榮海運和淡江大學建教合作，分別於一九七六年和一九七七年成立航海、輪機兩學系；由我獨資捐建商船學館一棟，並提供最新式航海及輪機儀器、機械等設備，做爲學生教學使用。

當時林添福是淡江大學的董事長，記得籌辦期間，我和他四處蒐集資料，並一

贈予淡江大學的「商船學館」外觀設計出自張榮發的巧思

同到日本相關海事學校考察觀摩，我也自己設計規劃「商船學館」大樓的外觀造型和內部各項設施。

這座建於淡江大學校園內的商船學館，是在一九七七年三月三十日動土興建，一九七八年四月初竣工，共耗資新台幣二千餘萬元，外觀設計係採用商船的住艙外形。

全館共分五樓，內部除了辦公室、教室之外，還設有仿造船上的各項設施，如露天甲板、駕駛台、海圖室、圖書室等，另有可容納二百人住宿的住艙，以及作爲學生實習工廠的機艙。

爲了充實航海、輪機兩系的教學設備，長榮海運陸續捐贈最新型的人造衛

星定位設備、羅遠、無線電測向儀、亞米茄定位系統收訊機、雷達、測深儀、電羅經、磁羅經……等多項實用的儀器。另外，公司也派專人整理編譯歐美及日本海運先進國家的海事相關書籍，做爲學生的教材或參考書。

在師資方面，由於海運是一門特殊專業科目，而當時政府規定，必須要具備教授或講師級資格的人才能在學校任教，因此，有關海事方面的師資一直十分缺乏；而學校裏所核准的講師、教授等，幾乎多半沒有行船的實務經驗。

因此，我原有打算調派公司具有海上經驗、技術優良的船長和輪機長駐系任教，但是，教育部負責審核師資的人員，對於長榮海運提出的船長與輪機長等師資人選，以沒有教授資格而裁定資格不符，這是相當可惜與無奈的事。

實際上，這些專業人員所擁有的甲種船長、輪機長等執照，都領有通過國家考試的專業證照，且又具有豐富的實務經驗，若由這些優秀的海運前輩傳授相關的專業知識，對於提升學生的專業素養應有很大的助益。

後來，在我的力爭之下，這些資深的船長、輪機長等，終能有機會將其寶貴的經驗傳授給學子們。

## 海事實習船啓航

學生在校學習四年後，照規定就要上船實習。在國外，海事實習船係由國家提供，可是我國的有關當局或是礙於經費，或是認知不足，並沒有提供這樣的教學設備。

爲了使學生能將理論與實務結合，我便責成長榮海運的相關部門，著手研究提供實習船的計劃，以供國內相關科系的學生出海實習用。

之後，長榮海運即於一九七九年購入一艘二、〇五〇噸的現成客輪，改建爲海事實習船，購船與改裝費用約計新台幣三千六百餘萬元。

我國第一艘航海實習船——長練輪

當年年底，這艘名為「長練輪」（EVER TRAINING）的我國第一艘海事實習船改建完成。

「長練輪」上設有教室、研習室、實驗室，以及供一百多名學生住宿之客房，同時安排老師隨船指導及進行各項訓練課程。此外，船上亦設有貨艙可承載少量雜貨，藉以讓學生見習國內外各港口貨物的裝卸作業，並熟練船上各種儀器設備的操作。至於航行訓練和學生食宿的所有費用，則全數由長榮海運負擔。

「長練輪」自一九七九年底開始，免費提供給交通大學、淡江大學、海洋大學、高雄海專、中國海專及中華商船等六所海事院校航海及輪機兩科系學生實習使用，直到一九八五年解體為止，共航行六十三航次，計有一、六六八名學生完成實習。

為了擴大海事實習船的功能，一九八三年九月，長榮海運再將所屬一五、○○○噸級的雜貨船「長安輪」，改裝為一設備現代化、可搭載兩百名學生的貨櫃實習船；一九八四年三月底完工，並將之重新命名為「長信輪」（EVER TRUST）。

「長信輪」的改裝工程是委託日本尾道造船廠負責，船上裝置最新穎的各項航海儀器、輪機控制系統，以及規劃適合學生學習、研讀的空間和設備等。此外，為了不影響船舶正常運作，「長信輪」上的儀器均裝設兩套，其中一套專供實習操作之

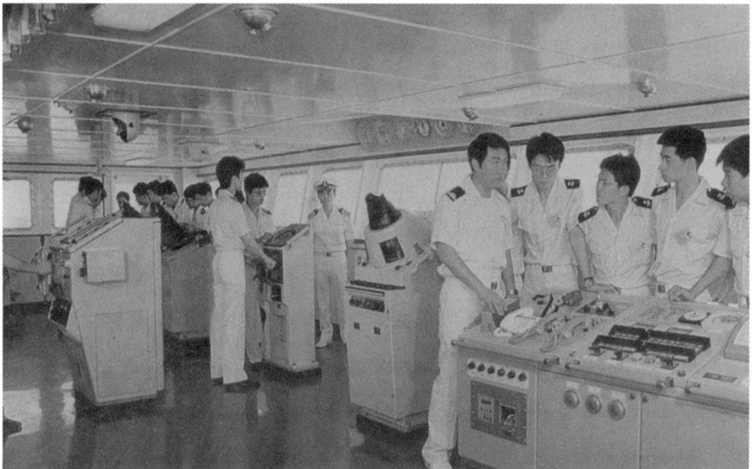

實習船「長信輪」上駕駛台主機控制系統講習操作

長榮耗資新台幣一億六仟萬元將「長安輪」改裝為貨櫃實習船，重新命名為「長信輪」

用。「長信輪」僅是改裝費用就花費新台幣一億六仟萬元。

在營運與實習儘可能兼顧的情形下，「長信輪」曾安排兩次環球航行，橫渡三大洋、航經十五個國家，所到之處均受到當地政府與海事學校的歡迎與重視。

當時長榮海運為國內海事相關科系的學子們所提供的這項教育服務，係完全免費，也未要求學生畢業後須到長榮海運工作。而曾經上「長練輪」或「長信輪」實習的學子們反應都相當熱烈，在他們的航海心得報告中，都侃侃述及他們所豐富的智識與視野。

然而殊為可惜的是，一九八五年國家教育政策改變，規定除海洋大學外，一般大學均不得設立海事相關學系，與淡江大學合作的海事教育計劃因而被迫中止，一九八六年開始停止招生，一九八九年最後一屆學生修業完畢。

「長信輪」也在一九九〇年卸下階段性任務，期間總計提供了數千名學生完成航海實習。

淡江大學停辦海事教育後，我接受林添福先生的建議，出資將屬於淡江校園內的「商船學館」，改裝成國內第一所「海事博物館」，提供給社會大眾參觀。

「海事博物館」於一九九〇年六月六日正式對外開放，館內除了陳列長榮海運原

先捐贈的各項船上航儀、機具設備和實景佈置外，也展覽古今中外各國、各式的船隻模型和圖片；此外還有圖書室及視聽室，蒐集了與海有關的書籍和影片，以及各先進國家海運科技書籍等。經此，海事教育由學校層面提升至社會教育層面，算是延續我對海事教育的熱愛。

## 致力慈善公益——「張榮發基金會」

我始終存著一個信念：「人活著就是要積功德、做善事。」不管是對周遭的人、員工或陌生人，都要有「人飢己飢，人溺己溺」的大慈悲心。

我認爲一個企業家在事業上能有所成就，除了現世的努力打拚之外，累生累世所種下的善因也是重要的因素之一，因此，企業家賺了錢應該要存感恩的心，不能忘本，並適時行善佈施，回饋社會。

長期以來，我一直秉持著這種信念行事，爲了發心幫助更多的人，我構想成立一個專責慈善公益的機構，以結合更多人的力量，主動積極地進行社會公益活動，並進而帶動社會的善良風氣，鼓勵社會大眾發揮善良的本性，多爲善、助人，促使這個社會更加祥和。

基於這樣的理念，我在一九八五年十二月五日成立了「財團法人張榮發基金會」，從慈善醫療救助、文化教育獎助及國家政策研究資料等三方面著手進行。

慈善醫療救助工作，主要是透過基金會同仁的實地查訪，直接紓困給需要幫助的人，以讓社會上的低收入戶或突然遭遇緊急災害者獲得即時的救助。

在基金會成立初期，爲了做好慈善救助，我聘請專業人員，教導工作人員如何進行查訪工作，並在各大醫院、民眾服務社以及其他的公益團體等建立通報管道。許多醫生和護士都主動擔任我們的義工，當他們發現沒錢可以治病、需要救助的患者，就會隨時通知基金會，以解決當事人的急難。

在紀錄中，還曾有一日捐助數副棺材給一家私人養老院的紀錄；一般去住養老院的人都是孤單一人，無親無故，而養老院常限於經費不足，無法爲過世的老人購買棺材料理後事，所以才會有向基金會尋求協助的事情發生。

台灣經濟發達，一般國民的經濟情況都還不錯，可是社會中仍存有許多物資條件、生活環境都相當匱乏簡陋的家庭。我們基金會的人員深入全省各地和離島地區查訪，以了解實際情形，讓每一筆善款，都確實達到救貧紓困的目的。

他們實地查訪所看到的一些情形，也會向我報告。看到那麼多生病需要醫療照

料的人，我曾有蓋醫院的計劃，因爲醫院可以解決許多人身體上的病痛，直接救助更多的人，再者，長榮集團上萬名的員工及其眷屬也都可以受惠；此外，我還打算針對職業病的醫療進行深入研究。

當時長榮集團在桃園有一塊面積很完整的土地，極適合興建醫院，且桃園鄰近台北，醫療資源也可供台北地區使用。有此構想後，我請人設計規劃一座軟硬體設備完善的大型醫療中心；光是初期規劃設計的費用，就花了將近新台幣一千萬元。

不料，這個計劃卻受到當地的診所反對，他們怕生意被長榮搶走，就聯合起來抵制長榮蓋醫院的計劃。

當我得知這是既得利益者故意找麻煩時，我心裏相當感慨，難道醫生在面對自身利益時，竟然會不顧大眾的福祉。對於他們的杯葛，我也不想勉強，興建醫院的計劃便擱置下來。

在文化教育獎助方面，主要設置清寒學生助學金，幫助低收入或遭遇家庭變故的高中（職）、專科及大學學生，讓他們得以完成高等教育；另也贊助文教團體舉辦活動等。

基金會提供助學金而不設立獎學金，是考量到獎學金主要是獎勵在校成績優秀

的人，而助學金則是幫助家裏環境不好卻有心上進的青年學子。

早期，基金會也曾資助許多音樂資優生到國外深造，這項音樂助學金成立的緣由，是因爲當時美國一所音樂學院的系主任得知我對台灣的教育十分關心，因此特別前來拜訪我，希望我能資助一些台灣的音樂資優生到國外深造。

他告訴我，台灣有一些十四、五歲的音樂資優生，十分具有潛力，應該好好栽培，但礙於家境無法負擔，台灣也沒有設置這類的獎助學金，大部份只好放棄繼續深造；當時我亦有感於國內音樂人才十分缺乏，因此，便答應在基金會設立音樂助學金，每年透過國內知名的音樂科系教授甄選數名音樂資優生出國深造。

該項音樂助學金在一九九五年即停止辦理。原因是台灣經濟快速發展，一般家庭經濟情況都已是小康，若父母有能力讓小孩學習音樂，經濟情況應該都還不差，將子女送出國深造已經都不太困難了。

基金會在助人的過程中，常遇到一些經濟情況不錯的人，夾雜在眾多的求助者當中向基金會申請資助，不禁讓人感嘆人的貪念眞是無止盡。

「張榮發基金會」除了積極幫助社會上需要救助的人，也照拂到長榮集團員工的家庭。由於我深切了解，集團裏上萬個員工中，難免有些人也會遭遇到家庭變故，

感謝張榮發基金會之獎牌及匾額

雖然公司的員工都有一份收入，然一遇到家裏發生急難，負擔就會變得很沉重，卻又不好意思向基金會請求援助。因此我要求主管人員要隨時關心部屬的生活，若發現員工家裏有急難，即主動向基金會申請援助，幫助他們度過困境。

我常說，企業的經營者一定要照顧員工，把員工視爲親人一般，盡到關心、愛護的責任。我成立基金會的目的就是要幫助別人，幫助的對象不分遠近親疏；若連自己周邊的人都漠不關心，還打著慈善的旗號說要幫助別人，這就不合乎情理了。

每年基金會所捐助的款項均達新台幣數億元；我計劃陸續擴增基金會的功能，讓基金會服務救助的層面更爲擴大。

曾有人建議我，基金會要多多宣傳，才能提高知名度，但我認爲行善是發自內心的表現，若爲求回饋或達到宣傳目的才願意付出，就失去行善的本意了。

## 國策中心，民間智庫

我認爲，在一個民主國家中，企業家應該關心政治，如果企業家個個只顧自己的利益，絲毫不關心政治，那麼國家可能就要面臨危亡了；像日本的「經團連」，就是由大企業經營者所組成，他們關心國事，適時表達對時事的看法，或提供建言給

政府參考，他們的用意是希望日本的政經能夠更加健全、社會更祥和。

一直以來，我認爲台灣需要一個眞正值得信賴的公共政策研究機構，對國事提出公正、客觀的建言，因此，我即在「張榮發基金會」之下設立國家政策研究資料中心（簡稱國策中心），集合國內學者專家，針對政治、經濟、教育、社會改革等各項議題進行研究，唯不涉及海、空運的研究。

我對政治雖然相當關心，但爲使該中心的立場中立與超然，我從不干涉他們的言論方向；此外，國策中心也不接受政府單位的補助，這是有感於很多基金會就是因爲贊助機構（贊助者）干涉太多，而使其功能無法彰顯。

國策中心內部的成員不分黨派，我要求他們本著知識份子的良心做事，研究的方向應以符合社會大眾利益爲優先考量。國策中心的研究人員大都反映他們有很大的發揮空間，工作得很愉快。

曾有人問我爲什麼要設立國策中心，一年花好幾千萬元，不如拿去救濟貧困的人。事實上，這也是回饋社會的一種公益事業，國策中心的研究成果，可提供給政府相關單位及民意代表作爲決策參考，對推動政治革新與社會建設有相當大的助益，若因此而促使政府施政更加正確完善，最終的受惠者將是社會大眾。

當初設立國策中心的用意，只是純粹基於回饋社會的善意，並沒有期望任何回報，沒想到卻被有心人士扭曲，指稱具台獨立場，甚而渲染成李登輝總統的智庫；其實，在李登輝先生尚未當總統時，「張榮發基金會」早已開始進行這方面的工作。

但有心人卻仍然刻意藉題發揮，惡意攻擊長榮，當時我一度考慮將其關閉，或者是開放給其他企業界參與贊助，而我只擔任其中一個董事，以免讓人對國策中心的立場憑添色彩。

此消息一經披露後，引起國內外學術界及企業界人士的關注，更有許多人打電話或寫信給我，再三肯定國策中心對國家社會的貢獻；他們擔心若是撤掉了，許多有理想的學者就沒有自由發揮的研究空間，所以希望我繼續做下去。

後來，我曾考慮召集企業界人士共同參與，大家每年贊助一筆費用作爲國策中心的研究經費，如此也可免除外界對於國策中心是否帶有長榮色彩的疑慮；然而他們雖同意，卻遲遲沒有行動。最後，在等不到其他人資助的情形下，自己就繼續做下去。

我期望國策中心能朝獨立自主的方向發展，當社會大眾，包括企業界人士都認

定它的成就，並願意支持它時，該中心就可以用募集基金的方式，漸漸擴大組織，最後能自「張榮發基金會」裏獨立出來，另組成一個財團法人，讓大家有機會可以共同為國家社會的未來出力。

# 二、人生哲學

## 行事昭然，問心無愧

外界常常會用「神秘」來形容我，其實我一點也不神秘。我本身不汲汲於追求名利，也不愛出風頭作秀，行事低調，外界的人不了解，才會說我「神秘」。

在這個社會上，每個人做事的態度和方式不同，有人樂於出風頭，有人喜歡默默耕耘。我做事則講求實實在在，因爲我始終認爲，認眞踏實爲企業打拚才最爲重要，這樣不僅可爲員工帶來實質的福利，更能累積回饋社會的力量。

攀緣權貴、錦上添花，都不是我的行事風格；我更不會爲了圖謀私利，而別有居心地去結交政治人物，對我來說，交朋友要看緣份，彼此投緣才能相知相交。

只是做爲一個企業經營者，不免因某些機緣而結識政治人物，又因身份的敏

長榮新一代貨櫃輪「長果輪」由柴契爾夫人主持下水擲瓶典禮

感，常容易引起外界的議論和揣測，像我和李登輝總統的關係，就常被外界拿來做文章。

其實我在國際間認識的政治人物相當多，包括英國前首相柴契爾夫人，以及世界各國如美國、義大利、法國、德國等地的政要；和他們認識，多是因爲海運業務的因緣，並非刻意結交。另外，由於長榮集團大部份的船舶都登記爲巴拿馬籍，增加該國不少的稅金收入，加上長榮在當地投資，對促進該國經濟繁榮貢獻良多，基於這層由來已久的關係，我才會和巴拿馬總統及政府官員熟識。

當年我和李總統結識，也是一個偶

然的機緣，當然更不可能是預料他日後會成為總統而結交。

記得當時他是台北市市長，有一回他到高爾夫球場打球，我和當時長榮海運的總經理葉福星也去打球，大家就在這個機緣裏結識。後來李總統任職省主席時，因受國外請託有關代邀長榮海運的船隻泊靠港口事宜，雙方才再有接觸。

在他擔任總統後，國內政壇派系紛爭炙烈，我和李總統的這層關係就被有心人士拿來藉題發揮、大作文章。尤其有一回李總統自新加坡結束訪問回國後，在記者會中被媒體詢及他在國內企業界有哪些較熟識的朋友，當時李總統回答說：「張榮發和王永慶都是我的好朋友。」事實上，李總統的好朋友很多，當然不只我和王永慶先生兩人。

有心人士為了個人派系的紛爭，藉著打擊某些特定企業的方式，來攻擊自己的對手，完全不尊重正正派派經營的企業，更漠視企業對國內經貿發展的貢獻和重要性。

事實上政府和老百姓、企業之間是唇齒相依、密不可分的關係，為人民謀福利、扶植正派經營的企業，本來就是政府應該做的事，因此，政府「圖利」老百姓是天經地義，唯個人不應以收取紅包作為代價。

長榮的船隻灣靠世界各國港口，對當地帶來經貿的繁榮，亦與當地政府建立起良好情誼

世界上無論是那一個國家，其經濟繁榮和企業發展，若沒有政府的支持和相關法令的配合，實難以開展和生存；而一個國家若沒有企業來促進經貿、增強國力，實質的民生水平和國際地位，也無法提升，兩者間的關係是相輔相成的。

例如航空事業，政府要站在輔導業者的立場，配合以相關的政策、設施，業者才能全力以赴，並以民間的力量去爭取、拓展航權，進而帶動航空事業的發展及國際地位的提升。

以海運來說，長榮的船隻灣靠世界各國港口，促進當地的經貿繁榮，也帶來許多就業機會，因此各國都是歡迎之

至，並積極配合改善各項建設和投資環境，以爲當地人民創造富庶的生活。

政府支持民間企業，而企業家也努力經營事業並回饋社會，這對國家社會才有積極、正面的意義。

## 關懷台灣，未曾朋黨

早期台灣處於戒嚴時期，大部份的企業都被勸說加入國民黨，若沒有入黨，許多事情做起來就沒有那麼容易。所幸長榮海運當時是從國外發展，所以並沒有很大的壓力必須加入國民黨，而我一直到現在也沒有加入任何黨派。

當林金生任交通部長時，曾極力邀我加入國民黨，其他的政府要員也鼓勵我加入。爲了使這種勸說停止，我告訴他們：「我當一名黨友好了，不要做黨員，因爲黨友的立場比較中立，說的話也較爲人所信服，如果我加入國民黨，又說國民黨的好話，別人就會認爲我當然是說自己人的好話了。」他們聽我這樣說，覺得好像有道理，此後就沒有再勉強我加入國民黨。

隨著台灣政治環境的改變，由於我未加入國民黨，又習慣講台語，甚而有人也把長榮的綠色企業標幟拿來炒作，渲染我是「台獨」的支持者。欲加之罪，何患無

辭；我生長在台灣這塊土地上，爲何不能使用自己家鄉的語言，這根本是有心人爲了製造事端而編造出來的謠言。

我對任何黨派都沒有分別心或偏好，結交朋友也不會因爲對方的黨派，而對其存有預設立場或以不同的態度對待，我是對人不對黨，只要投緣自然就成爲朋友。

不管是什麼黨派，每個人都應該要有愛國心，爲自己的國家盡一份心力；換言之，爲國家盡心力，和參加什麼黨派沒有關係，因爲每個黨派都應該要有效忠自己國家的精神，並努力爲社會大眾謀求福祉才是。

我努力經營企業，致力回饋社會，也是盡我身爲人民的本分，從不敢居功或要求政府有所回報。當長榮投下鉅資和心力爲我國的航空事業努力，而遭到有心人士抹黑爲特權時，我就自我解嘲地說：「只要政府不找我們的麻煩，那我就『謝謝你』了！」

我想，也許是台灣步入民主化的腳步太快了，快到大家弄不清楚民主的眞諦，而部份人更以行民主之名做爲打壓異己的當然理由。

對於台灣來說，「民主」應該是一點一滴地慢慢放，一下子放太多，反而會亂了綱紀，脫離常軌。台灣現在有很多矛盾的現象，例如外匯很多，但國家卻常常苦

於缺乏資金發展建設；有民主，但卻未必有文明。沒有文明的國家，如果直接就開放民主，社會的紛亂可想而知，而要改革這個問題，就要先全面改革教育，包括家庭教育、學校教育及社會教育等，其中首要之務，即是倫理道德的加強。

我認為一個國家的民主化，應隨著國情、民族性、社會環境而有所不同，不能只一味地崇尚西方式的「民主」，因為那並不一定適合我們的國情和人民。中國人要制定一套符合民族性的民主模式和開放的速度，並輔以教育，讓大家都培養出自律的道德心，才能達到「民主而不踰矩」的境界。

## 珍視情義，惜福感恩

我的事業是從辛苦中建立起來的，因此，對人情冷暖自有一番深刻的體認；如今我對於人間百態，世事無常，反倒更能以平常心處之。

我認為人要懂得惜福與感恩，尤其是別人對我們的恩情一定要牢記在心，並適時予以回報，這才堪稱符合做人的基本條件；一個沒有情份的人，是不會得到別人的尊敬。

記得在長榮海運創業階段，有一次因急需資金周轉，而向基隆船務代理行的老

闆駱耀煌商借新台幣十萬元，他二話不說馬上答應借給我。雖然只是區區十萬元，而且沒多久我就把這筆錢還給了他，但這份人情我一直放在心上。

一九八四年我把近洋航線獨立出來，成立「立榮海運公司」時，那時他在基隆經營的船務代理行面臨諸多競爭者，經營環境已不如過去，鑑於海運也是他所熟悉的業務領域，所以我便邀他入股，並聘他擔任立榮海運公司的董事長；當時長榮集團各關係企業的董事長都是由我本人擔任。

雪中送炭遠比錦上添花來得可貴和溫暖，我自己尤有深刻的體認，因此在待人處世上，也就更加懂得珍視情義，惜福知足。

長榮集團發展到今天，有人問我事業規模做得這麼龐大，是否覺得自己算是一個成功的人？

我認爲，一個人以其德行獲得別人由衷的肯定和認同，並且不自私的爲人群奉獻服務，才是值得敬重的人。至於那些汲汲追求名利，以財富和頭銜來衡量價值的人，就顯得渺小而不足道。

我這樣說，也許有人會認爲：「你已經有名又有利了，當然說得輕鬆。」其實每個人領受的天命不同，我努力的工作，並非是爲追求更多的財富，而是我了解到

張榮發如今事業有成，心存感恩，亟思回饋社會

上萬個員工和其家庭生計是我的責任和義務，有這麼多的人仰賴這份工作養家活口，否則，我何苦還要時時為企業的經營勞頓奔波、費心盡力。

像我現在可以說擁有了事業，也累積了財富，但相對地也失去了個人的自由。除了每天為公事繁忙，常常還要國內外來回奔波。但是我內心感到很知足，亦心存感恩，因為我的事業可以對社會有所貢獻及回饋，又可以照顧到員工的家計。

我也時時督促自己一定要更加努力，以盡到上天所賦予我的責任和天命，不能有了名利之後，就揮霍上天所賜予的恩澤，要更珍惜這份資源，好好地為社會、人群服務。

## 信仰天道，行處惟心

我自小即與佛、道教有所接觸，尤其母親對宗教信仰很虔誠，偶爾也會跟著她到廟裏拜拜，但一直以來我並沒有專一的宗教信仰。即使很多人曾試圖用不同的宗教來渡化我，但都沒有成功。

因為在我心裏有很多疑問：「神明這麼多，到底哪個最大？神又是什麼……？」

結婚以後，因為內人早已求道（天道），在她的影響下，母親和我開始接觸天

道，並先後求「道」。但由於我從小接受日本教育，有關天道的中文書籍唸起來較不易了解，所以我就沒有很積極深入去探討天道。

一直到母親過世的那一年（一九七五年），「宗教」才深深的打入了我的心。母親是在「天公生」的前一天過世，那天一早，母親梳洗完畢，準備要到基隆天公廟幫忙，當時她看起來神采奕奕，我請司機開車送她到廟裏去，沒想到她在廟裏敬肅地坐在椅子上，就安祥的過世了，之前一點癥兆也沒有。

入殮前，殯儀館的工作人員幫母親化妝，當他們替她上粉時，發現母親的皮膚、身體都很柔軟，面容就像是睡著了般安祥，並沒有變得僵硬。

當時在場有一位基隆的親友張生塗，他看到這樣的情形，就告訴我說：「HATSU！你母親過世這麼多天，身體仍很柔軟，這是因爲有求道的關係。」

後來我也觀察到，求道的人過世後，身體眞的是柔軟而不僵硬，對此現象，我心裏覺得很奧妙，也開始對「天道」萌起進一步探究的念頭。

後來，有一次到日本，無意間發現日本有很多天道方面的書籍，我即買了一些來研讀。一路讀下來對其中的內容深感興趣，不禁反覆閱讀，對於天道的內涵和眞理也漸有領悟。

求道、修道、得道的體驗，對張榮發的人生觀改變很大

求道、修道、進而得道的體驗，對我的人生觀改變很大。

「天道」指的即是眞理，使人有判斷力，因此求道之後，依著眞理的準則行事，積德行善、修心養性，心就能安定，走的路也自然是正路。人若沒有得到眞理，人生的方向和準則就容易出錯。我相信一個人如果潛心修道，可以使他更具道德心，行事端正。

## 慈悲為懷，廣植福田

從「天道」中我明瞭，任何事情都有因果，若要知道自己的前世，只要看現世的際遇和環境，就可以獲得答案。所以對於今世命運的好壞，不應埋怨，

因為這是因果關係，以前自己種了善因，今日才能得善果；反之則必須自嚐惡果。

前世種善因的人，今生就不會受到太多的苦難，即使遭逢災難，也多能逢凶化吉、化險為夷。一旦了解人世的因果輪迴關係，就不會事事計較與埋怨了，反而會更加努力做功德。

世間的功德是做不完的，最好是每個人都能來參與，我常說功德要讓大家一起做，讓別人也有機會廣植福田、累積功德。

就像有些慈善機構或公益團體向我募款時，我一個人的能力就可以支付全部的款項，但我認為功德也要讓別人做，像一些小額的贊助，一般人也可以隨緣捐助，就要把機會給別人，剩餘不夠的，我再來支墊。

在做功德時，千萬不可以因為自己有能力，且「貪圖」功德的利處，而把別人摒除在外，大家有錢出錢，有力出力，互相配合協助，才能夠讓功德圓滿。

在為人處世方面，我始終以「道德心」為準則，我認為人要惜福知足，去除貪求的心態，凡事光明磊落，自然活得心安理得。

有人問我是否因為求道，長榮集團才有今天的發展。我認為，求道的目的並非是為了求取上天給予名利富貴的回報，而是為了啓發人的善良本性和正念，在人世

張榮發喜歡渡人，但從不以強迫的方式勉強員工求道

間多結善果。

人的名譽和財富，如果是經由自己腳踏實地、認眞努力、自然而然累積起來的，才是實至名歸，如果是透過不正當的手段去爭取，既不能贏得別人的尊敬也無法維持長久。

世上絕對沒有因爲求「道」，就保證一生平順安泰。求道的人仍不免會遭受困頓、挫折，因爲人一生的際遇，仍脫離不了因果關係。

雖然我很喜歡渡人，但每個人和宗教的因緣都不一樣，有的人很欣喜地接近天道，並積極地潛心研究，有的人卻未必能有領悟，這是無法強求的。正如我從不勉強員工求道，而求道與否與其

張榮發60歲生日時舉行清口儀式

個人在公司的升遷也完全沒有關係。

六十歲以後我開始清口吃全素，這是有感於上天對萬物生靈的慈悲，讓人與萬物共存於宇宙間，因此心中興起對生命的尊重，不忍殺生。清口以後，日子過得清新自在，一點也沒有不方便的感覺。

## 為海而生，生生不息

我是一個十分喜愛工作的人，一旦工作起來，常常不知時間的早晚，也不會覺得疲憊；由於公務繁忙，雖然常常出國，卻鮮少旅遊，都把時間用在工作上。在假日閒暇時，除了偶爾會找一些公司的資深幹部以及熟絡的老朋友一起打打高爾夫球，舒鬆筋骨，大部份的時間，我都用來閱讀海運、航空業界的書刊。

海運一直是我最鍾愛的行業，也可說是我最大的興趣，即使數十年來每天處理與海運相關的業務，我都不曾感到厭倦，反而更加對其有一份相知相依的深厚感情。無論在何時、何地看到海洋與船，我都感到分外的親切熟悉，就好像是遇見多年的至交知己一般。長期浸濡在這個領域，不僅豐富了心靈，海洋的氣魄與胸懷，也給了我許多人生的啓示。

猶記得往昔航海的日子，隨著工作的歷練不斷地獲得成長，每日倘佯在遼闊無垠的大海中，心中對未來充滿了希望與夢想，那種充實的感覺，回想起來眞是一段幸福、快樂的時光。而我始終覺得從海上觀賞陸地的景象，特別美麗也格外令人感動。

儘管只是一艘船，也足以讓人把它視爲有生命一般，可以感覺到它的可愛，進而對它產生感情。記得以前行船時，曾與同一艘船長期結伴航行，在大洋中彼此就像是默契良好、感情深厚的工作夥伴，至今我對船上的點點滴滴，都仍記憶鮮明。

長久以來新船的下水儀式，一直是

打高爾夫球是張榮發的閒暇消遣

由女性負責擲瓶，她們對於自己親手擲瓶讓新船下水航行，就好像是賦予了船生命，所以將其視如自己的親生子女一般，有著特別的感情；隨著船齡不斷增加，二、三十年後，當船老舊必須送去解體時，她們往往會難過得落淚，像是捨不得自己的親人一般。

船就像我的孩子一樣，從起工建造、命名、下水、試俥到竣工交船，每個階段我都相當重視與關心。

即使在百忙之中，我都會抽空參加新船的下水典禮，爲它命名、舉行進水儀式。通常新船舉行完進水式後，三個月之後就會進行試俥；每次第一艘新型船舶的試俥，我都一定上船親自參與，從早上八時開始，一直進行到晚上八時左右，在海上來回的航行，以測試船舶的各種性能。

以我多年的航海經驗，對於船舶的結構、材料、設計，以及各項航儀設備的功能，可說再熟悉不過了，因此在試俥中，若發現有可再精進改善之處，即可做爲下一艘同型船的改良參考。

當長榮的舊船屆齡解體時，我都會將船上的一些航儀設備留存下來，準備整理彙集起來供日後展示用；此外，我自己也收藏一些與海洋有關及台灣本土畫家的繪

每次第一艘新型船舶的試俥，張榮發一定親自參加

張榮發為長榮新型的「D」型船試俥

畫作品，加上從世界著名拍賣會場蒐購的船舶相關文物等，我準備在台灣成立一座超大型海事文物中心。

這座海事文物中心將以休閒兼教育的方式，具體而活潑地展現古今中外各種與海洋、船舶相關的文物、實體船舶和機具、模型船、繪畫、影片及書刊等，讓社會大眾對海運的歷史文化有更深一層的了解，以發揮教育、傳承的功能。

這是我多年來的構想，且已籌備多時，希望藉此將我長年經營海運事業的成果和對海洋的熱愛，呈獻給社會大眾一起分享。

海洋與船在我生命中佔了非常重要的地位。與其說我與海洋之間存有一份特殊的緣份，不如說我是天生的海洋之子吧！

| 西元 | 張榮發大事記 |
| --- | --- |
| 一九二七年 | ◎10月6日，生於宜蘭縣蘇澳鎮。 |
| 一九三四年 | ◎舉家遷到基隆，進入基隆「壽」公學校就讀。 |
| 一九四一年 | ◎開始半工半讀，白天在「南日本汽船株式會社」基隆駐在員事務所擔任用務員，晚上在台北高等商業學校附設的商業實踐講習所就讀。<br>◎12月8日，第二次世界大戰全面開始。 |
| 一九四三年 | ◎12月底，被公司調派至台北總公司船舶部服務，並升為課員。 |
| 一九四四年 | ◎年初，被調派到「貴州丸」客貨船當事務員，第一次出海。<br>◎年底，由船上調回台北總公司船舶部上班，負責船員調派的人事工作。<br>◎為避戰火，將母親、二個弟弟及二個妹妹疏散至宜蘭貢寮鄉下居住，自己則與大哥及大嫂搬到汐止。 |

| | |
|---|---|
| | ◎父親服務的「昭南丸」在航行中被美國盟軍擊沉，父親不幸罹難，自此獨力挑起養家的責任。 |
| 一九四五年 | ◎轉至「船舶運營會」工作。<br>◎8月15日，日本向聯合國宣布無條件投降，第二次世界大戰結束，台灣光復，回歸中國政府管轄。<br>◎將母親、二個弟弟及二個妹妹接回基隆居住。 |
| 一九四六年 | ◎國民政府來台接收日本船舶。<br>◎透過林泰山介紹，至台灣航業公司之「鳳山輪」工作（林添福擔任船長）。<br>◎之後憑藉自修苦讀陸續考上三副、二副、大副之航海技術人員執照。 |
| 一九五三年 | ◎完成終身大事。 |
| 一九六一年 | ◎6月，和廖文良、朱向榮合夥創立「新台海運公司」。 |

| 西元 | 張榮發大事記 |
|---|---|
| 一九六二年 | ◎7月，首度代表新台海運公司到日本購買一、六〇〇噸的舊船，改名為「新台輪」。 |
| 一九六四年 | ◎向新台海運股東建議建造新船營運，是當時台灣第一位主張建造全新香蕉船、木材船並將之付諸實現的人。 |
| 一九六五年 | ◎離開新台海運。<br>◎由田九經邀約，和蕭易水、蕭如水兩兄弟合組「中央海運公司」。 |
| 一九六八年 | ◎4月，第一艘遠洋定期船「CENTRAL TRUST」在日本常石造船廠正式交船給中央海運。<br>◎「CENTRAL TRUST」以論時租傭方式租給昭和海運；在行駛前往美國途中，船上的給水幫浦突生故障，船期延誤，之後昭和海運要求提前解約。 |

## 一九六九年

◎8月底，因公差赴日本，蕭易水趁機召開中央海運臨時董事會解除傳主的董事職務，並在會中決議要傳主將「CENTRAL TRUST」一併帶走。

◎9月1日，創立「長榮海運公司」，設址於台北市長安東路一段24號之1。

◎4月，長榮海運自昭和海運購進一艘散裝船「長隆輪」，再以論時租傭方式租給昭和海運。

◎8月15日，以購入的舊雜貨船「長島輪」行駛長榮海運第一條遠洋定期航線——遠東／中東航線。

◎9月7日，「長島輪」在基隆發生火燒船事件。

◎10月初，「長邦輪」航行美國途中引擎發生故障。

◎11月17日，「CENTRAL TRUST」在美國諾福克港附近撞上一艘瑞典籍貨櫃船。

| 西元 | 張榮發大事記 |
| --- | --- |
| 一九七〇年 | ◎自本年起，於國內各海事學校、科系設置長榮海運助學金，為國內之海運發展培養專才。 |
| 一九七一年 | ◎7月及9月，長榮海運首度購進性能較好的柴油引擎舊船「長富輪」和「長久輪」。 |
| 一九七二年 | ◎1月31日，長榮海運第一艘新建的雜貨船「長安輪」竣工交船，擔任新開闢遠東／中南美洲定期航線的首航任務。<br>◎2月，在日本設立「長榮日本株式會社」，設址於東京，負責日本地區業務。 |
| 一九七三年 | ◎9月，成立「長榮運輸公司」，經營汽車貨櫃貨運業。 |

## 一九七四年

◎3月，在紐約成立「長榮美國公司」，負責美國地區業務。

◎7月，長榮海運公司移址至台北市松江路63號長榮大樓，為總公司所在。

◎一九七四年到一九七六年間，長榮海運曾訂造五艘H型散裝新船，以論時租傭方式租給日本郵船株式會社。

## 一九七五年

◎2月，成立「長榮國際有限公司（巴拿馬）」，為長榮集團巴拿馬籍船舶的主要船東公司，並負責當地及督導中南美洲地區業務。

◎3月，母親過世。

◎4月26日，長榮海運第一艘貨櫃船「長春輪」在日本舉行下水典禮。

◎7月17日，新建造之「長春輪」首航新開闢的遠東／美國東岸全貨櫃定期航線，是長榮海運第一條全貨櫃定期航線，也是我國第一家開闢貨櫃航線的船公司。

| 西元 | 張榮發大事記 |
|---|---|
| 一九七六年 | ◎3月，長榮美國公司在加州設立分公司，負責美國西岸業務。<br>◎10月，長榮海運開闢遠東／美國西岸全貨櫃定期航線，由「長春輪」擔任首航的任務。<br>◎長榮海運和淡江大學實施建教合作，於一九七六年和一九七七年分別成立航海、輪機兩學系，傳主獨力捐建商船學館一棟。 |
| 一九七七年 | ◎3月24日，長榮海運的遠東／中南美洲定期航線改為全貨櫃定期航線，調派「長慈輪」首航。<br>◎6月26日，長榮海運以雜貨船「長立輪」開闢遠東／紅海、地中海定期航線。 |
| 一九七八年 | ◎5月25日，長榮海運開闢遠東／紅海、地中海全貨櫃定期航線，以改建後的貨櫃船「長仁輪」擔任首航任務。 |

| | |
| --- | --- |
| 一九七九年 | ◎4月10日，長榮海運以新建之貨櫃船「長生輪」首航遠東／歐洲全貨櫃定期航線。<br>◎長榮海運免費提供我國第一艘海事實習船「長練輪」給國內各海事院校航海及輪機科系學生上船實習。<br>◎11月，成立「長榮英國公司」，負責英國地區之業務。 |
| 一九八二年 | ◎5月21日，長榮海運與遠東運費同盟簽訂「君子協定」，有效期間自一九八二年7月至一九八五年底止。<br>◎8月，成立「長榮重工公司」，經營貨櫃製造、修理、翻新及車架製造等。 |
| 一九八三年 | ◎11月，成立「長榮貨櫃公司」，並在桃園南崁興建遠東地區最大內陸貨櫃集散場。 |

| 西元 | 張榮發大事記 |
| --- | --- |
| 一九八四年 | ◎7月，遠東運費同盟片面對外宣布提前終止「君子協定」，長榮海運隨後也在各大媒體刊登聲明終止「君子協定」。<br>◎7月，成立「長榮國際公司」，主要提供長榮集團所屬國內外公司之業務諮詢、協調督導及顧問管理服務。<br>◎7月，長榮海運以新建造之G型全貨櫃船「長園輪」、「長智輪」分別開闢史無前例的環球東、西雙向全貨櫃定期航線。<br>◎8月，成立「立榮海運公司」，經營近洋區域航線服務。 |
| 一九八五年 | ◎長榮集團躍居全球最大貨櫃船公司。<br>◎5月，長榮海運開闢西地中海／美東全貨櫃定期航線。<br>◎12月5日，成立「財團法人張榮發基金會」。 |

| | |
|---|---|
| 一九八六年 | ◎4月，舉行台北民生東路長榮大樓落成啓用儀式，長榮海運總公司移址台北市民生東路二段166號。<br>◎10月，在德國漢堡成立「長榮德國公司」，綜理全歐洲及地中海地區代理行之業務督導。<br>◎60歲生日後，開始茹素吃全齋。 |
| 一九八八年 | ◎9月1日，申請籌設國際航空公司，並成立長榮航空籌備小組。 |
| 一九八九年 | ◎3月8日，「長榮航空公司」獲准籌設經營國際航線客運及貨運的甲種民用航空運輸業。<br>◎6月，在馬來西亞成立「長榮重工（馬）有限公司」，經營各種鋼質貨櫃及組件製造。<br>◎10月6日，長榮航空公司與波音公司、麥道飛機公司舉行購機簽約儀式，共訂購26架新機，總金額約36億美元。 |

| 西元 | 張榮發大事記 |
|---|---|
| 一九九〇年 | ◎9月13日，榮獲美國加州州立大學（THE CALIFORNIA STATE UNIVERSITY）人文學榮譽博士學位。<br>◎10月，成立「長榮航勤公司」，經營機場地勤及洗衣廠、大樓保養等業務。之後洗衣廠及大樓保養業務獨立出來，於一九九六年10月另成立「長榮清勤公司」專責經營。 |
| 一九九一年 | ◎7月1日，長榮航空正式開航。 |
| 一九九二年 | ◎3月，購入日本林兼船渠株式會社，改名為「長榮造船株式會社」。 |
| 一九九三年 | ◎2月，長榮桂冠酒店（台中）全面正式對外營業，是首家設於台灣地區的長榮國際連鎖旅館。<br>◎8月，成立「長榮香港有限公司」，主掌香港及大陸地區業務。<br>◎10月，成立「長榮空廚公司」，經營機上餐飲業務。 |

| | |
|---|---|
| 一九九四年 | ◎3月，長榮桂冠酒店（曼谷）全面正式對外營業。<br>◎4月，成立「長航通運公司」，經營遊覽車客運業及員工交通車服務。<br>◎12月，長榮桂冠酒店（基隆）開始動土興建，預計於一九九八年對外營業。 |
| 一九九五年 | ◎5月12日，榮獲美國南卡羅萊納州州立大學（THE UNIVERSITY OF SOUTH CAROLINA）企管學榮譽博士學位。<br>◎12月，長榮桂冠酒店（檳城）開始動土興建，預計於一九九八年對外營業。 |
| 一九九七年 | ◎2月，成立「長榮菲律賓有限公司」，負責菲律賓地區業務。<br>◎7月，長榮桂冠酒店（巴黎）開始動土興建，預計於一九九九年對外營業。<br>◎10月，出版《張榮發回憶錄》（遠流）。 |

國家圖書館出版品預行編目資料

張榮發回憶錄：長榮集團總裁與海結緣的一生
／張榮發作.--初版.--台北市：遠流.
1997〔民86〕
面；　　公分.--（產業台灣；1）
ISBN 957-32-3326-6（精裝）
ISBN 957-32-3327-4（平裝）
1.張榮發－通信、回憶錄等

782.886　　　　86009352